KATHARINA TEMPEL

Genug gegrübelt, lieber Kopf!

Wie du belastenden Gedanken die Macht nimmst und mehr Leichtigkeit gewinnst

INHALT

Im Hamsterrad der Gedanken

Wir glauben, durch Denken Probleme lösen und Fragen beantworten zu können. Doch nur weil wir viel denken, heißt das nicht, dass wir einer Lösung näher kommen. Oft verlieren wir uns in einem Kreislauf belastender Grübelgedanken, die unser Wohlbefinden beeinträchtigen und diverse Probleme erzeugen.

ICH DENKE, ALSO HAB ICH PROBLEME

So nützlich unser Verstand auch sein mag, er kann ebenso die Quelle für zahlreiche Belastungen und Probleme sein, wenn wir in ungünstigen Denkgewohnheiten feststecken.

Gedanken kommen und gehen. Tausende. Jeden Tag. Gestern, heute, morgen ... und an jedem Tag, der danach kommt, für den Rest deines Lebens. Manche von ihnen sind schön, einige hilfreich, wieder andere belasten dich und erzeugen reale Probleme.

Wenn du dich häufig niedergeschlagen oder vom Leben benachteiligt fühlst, wenn dir alles hoffnungslos erscheint, wenn du glaubst, nicht gut genug zu sein, oder überall Probleme siehst, ist das zu großen Teilen auf die Gedanken zurückzuführen, mit denen du dich identifizierst.

All die Grübelgedanken, Selbstzweifel und Sorgen, die wir mit uns herumtragen, lasten schwer auf uns. Sie nehmen uns in Beschlag und lassen uns den Bezug zur Realität verlieren. Von verzerrten Annahmen ausgehend, treffen wir dann Entscheidungen, die schlecht für uns sind. Wir können nicht das Leben führen, das wir uns eigentlich wünschen, weil diese Gedanken uns in einer düsteren Parallelwelt gefangen halten.

Unser Verstand kann ein wunderbares Werkzeug sein. Doch da die wenigstens von uns gelernt haben, ihn einzusetzen, verlieren wir uns in Denkgewohnheiten, die sich negativ auf unser Wohlbefinden, unseren Erfolg und unsere Lebensqualität auswirken. Dann grübeln oder hadern wir, machen uns Sorgen, versinken in Selbstzweifeln, verallgemeinern oder gehen vom Schlimmsten aus.

Die Inhalte mögen sich unterscheiden, aber der Mechanismus ist immer gleich: Bestimmte Gedanken oder Denkmuster drängen sich wieder und wieder in unseren Kopf. Wir verheddern uns mit ihnen, folgen ihnen, drehen unsere Runden im Gedankenkarussell und wiederholen dieselben Geschichten mit denselben negativen Konsequenzen. Tag für Tag. Monat für Monat. Jahr für Jahr. Es ist, als würde unser Verstand gegen uns kämpfen. Dabei sollte er doch unser Diener und nicht unser Meister sein.

Das menschliche Gehirn ist unglaublich leistungsfähig und in seiner Komplexität einzigartig. Wir können mithilfe unseres Verstandes abstrakte Konzepte verstehen, komplizierte mathematische Gleichungen lösen und bahnbrechende technologische Innovationen entwickeln. Wir sind mit seiner Hilfe in der Lage, symbolische Sprache zu verwenden, zu planen, vorausschauend zu handeln und kreative Lösungen zu entwickeln. Der Fortschritt der menschlichen Zivilisation und Kultur hängt zweifellos stark mit unseren Denkfähigkeiten zusammen.

Und ja, unser Gehirn ermöglicht uns, Probleme zu erkennen, zu analysieren und Lösungen zu entwickeln sowie verschiedene Optionen sorgfältig abzuwägen, um fundierte Entscheidungen treffen zu können. Nur, das ist es nicht, was wir um drei Uhr früh in unseren Betten tun, wenn wir uns fragen, ob wir die richtige berufliche Laufbahn gewählt haben. Das ist es auch nicht, was wir tun, wenn unsere Gedanken während der Arbeitszeit abschweifen und wir vergangene Fehler und Missgeschicke durchkauen.

Die Sache ist die: Denken ist nicht gleich Denken. Und obwohl wir unseren Verstand für eine Vielzahl guter Dinge einsetzen können, kann er auch jede Menge Leid und Probleme verursachen.

GEFANGEN IM GEDANKENKARUSSELL

Wenn Gedanken uns in ihren Bann ziehen, versinkt die Welt im Außen. Doch während wir uns in Grübelspiralen verlieren, geht das Leben normal weiter.

Es ist Freitag, 10:45 Uhr. Gisela sitzt im Büro vor einem Stapel Berichte, die sie prüfen muss, aber sie kann sich nicht konzentrieren. Immer wieder schweifen ihre Gedanken zum vergangenen Dienstag zurück – zum Feedback-Gespräch mit ihrem Chef.

»Gute Arbeit«, hatte er gesagt, aber war das wirklich ernst gemeint? Oder war es nur Höflichkeit, um mich nicht zu demotivieren? Vielleicht hätte ich nachfragen sollen? Oder gab es verborgene Hinweise zwischen den Zeilen, die ich übersehen habe? Hat er mein Schweigen als Zeichen der Zustimmung aufgefasst oder hätte ich etwas sagen müssen?

Ich weiß einfach nicht, wie er meine Leistung tatsächlich einschätzt. Tauge ich überhaupt etwas für diesen Job? Oder mach ich mir hier nur etwas vor? Vielleicht hätte ich anders reagieren sollen oder von mir aus Nachfragen stellen sollen?

Wenn er wirklich mit mir zufrieden wäre, dann hätte er doch nicht nur »gute Arbeit« gesagt, sondern aufgezählt, was er an mir schätzt. Andererseits … Vielleicht muss auch nicht jedes Gespräch eine tiefere Bedeutung haben. Vielleicht hat sein »gute Arbeit« tatsächlich nur das gemeint: dass ich gute Arbeit leiste. Aber warum hat er mich dann so schnell abgefertigt? Und irgendwie sah er auch genervt aus, so als würde ihn meine bloße Gegenwart anstrengen.

Seit zwanzig Minuten drehen sich Giselas Gedanken jetzt schon im Kreis und es ist kein Ende in Sicht. Schließlich weiß sie noch immer nicht, wie sie das Feedback ihres Chefs interpretieren soll und ob er mit ihrer Arbeit nun zufrieden ist oder nicht. Also geht sie in ihren Gedanken erneut jedes Wort durch, an das sie sich erinnern kann, versucht jeden Gesichtsausdruck und jedes Zucken der Augenbrauen zu analysieren.

Doch je mehr sie darüber nachdenkt, desto unsicherer wird sie. Erst die Frage ihrer Kollegin, ob sie zum Mittagessen mitkommt, reißt Gisela schließlich aus ihren Gedanken. Mittagszeit. Zwölf Uhr. Entsetzt stellt sie fest, dass die Hälfte des Arbeitstages bereits vergangen ist. Nur der Stapel auf ihrem Tisch, der ist noch genauso groß, wie er am Morgen war, als sie das Büro betreten hatte.

Geht es dir auch manchmal so? Schweifen deine Gedanken auch immer mal wieder zu vergangenen Erlebnissen ab und du fragst dich, ob das, was du gesagt oder getan hast, richtig oder falsch war? Grübelst du häufig darüber, was du hättest anders machen können, um eine bestimmte Situation zu vermeiden, oder machst du dir viele Sorgen um die Zukunft, obwohl es keinen konkreten Grund dafür gibt?

Wenn uns die Gedanken an ein bestimmtes Thema oder eine Frage nicht loslassen, tauchen wir oft so sehr in unsere Gedankenwelt ab, dass es schwerfällt, sich auf etwas anderes zu konzentrieren. Wie Gisela wundern wir uns im Anschluss darüber, wo die ganze Zeit geblieben ist. Wir bekommen nicht mehr mit, was um uns herum passiert, weil wir so sehr in unseren Köpfen gefangen sind.

VIEL GEDACHT, NICHTS GEBRACHT

Grübeln führt zu keiner Lösung, weil sich die Gedanken sinnlos im Kreis drehen. Stattdessen belastet es unsere mentale Gesundheit und hält uns davon ab, im Hier und Jetzt zu sein.

Gedanken können uns manchmal ganz schön vereinnahmen. Ein Gedanke löst den nächsten aus. Jeder scheint wichtig zu sein und unsere Aufmerksamkeit zu verdienen. Wir folgen ihnen blind und lassen uns immer tiefer in ihr Geflecht aus Worten, Ideen und inneren Bildern ziehen, bis wir uns vollkommen darin verheddert haben und keinen Ausweg mehr finden.

Genau das passiert, wenn wir grübeln. Wir lassen uns in einen Zyklus wiederkehrender, oft negativer Gedanken und Sorgen hineinziehen. Wir können nicht aufhören, über die Vergangenheit nachzudenken, über Dinge, die wir vielleicht anders hätten machen sollen, oder über Ereignisse, die uns verletzt haben. Die Gedanken wirbeln im Kopf herum wie ein wilder Sturm, der nicht enden will. Jede Kleinigkeit wird zu einem Grund, um sich weitere Sorgen zu machen.

Das endlose Durchkauen all unserer Probleme, Fehler und Unzulänglichkeiten belastet die Stimmung und lässt unsere Situation hoffnungslos wirken. Selbst wenn wir versuchen, uns auf den Moment zu konzentrieren, schleichen sich die lästigen Gedanken wieder und wieder ein und rauben uns jede Freude. Es ist, als wären wir gefangen in einem endlosen Labyrinth aus Trauer, Sorgen und Problemen.

»Die größten Leiden entstehen oft durch unsere eigenen Gedanken.«
UNBEKANNT

Das Tückische ist: Wir glauben, an einer Lösung zu arbeiten, während wir die Probleme in unserem Kopf wieder und wieder durchkauen. Wir glauben, dass wir nur noch ein bisschen intensiver nachdenken müssen, um endlich wieder klar sehen zu können und den Weg aus dem Labyrinth zu finden. Aber nichts könnte weiter von der Wahrheit entfernt sein. Denn nur weil etwas in unserem Kopf passiert, heißt das nicht automatisch, dass wir nachdenken. Gedanken haben ist nicht denken.

Gedanken sind einfach so da. Wir müssen uns dafür nicht anstrengen. Sie werden durch alle möglichen Reize aus unserer Umwelt ausgelöst. Ein Geruch, der uns an etwas erinnert. Eine Bewegung, die unsere Aufmerksamkeit einfängt. Der Anblick eines Gegenstandes, der alle möglichen Assoziationen hervorruft.

Gedanken durchströmen unser Bewusstsein und wir können sie nicht kontrollieren. Zumal ein Großteil unserer Gedanken auf unbewusster Ebene abläuft und sich höchstens durch emotionale Reaktionen oder körperliche Empfindungen mitteilt.

Denken hingegen ist eine bewusste mentale Aktivität, die Energie, Anstrengung und Willenskraft erfordert. Denken bedeutet, dass wir uns aktiv mit unseren Gedanken auseinandersetzen, in der Regel, weil wir damit ein bestimmtes Ziel verfolgen. Wir verarbeiten die uns zur Verfügung stehenden Informationen, um ein Problem zu lösen oder eine Antwort zu finden.

Wenn wir grübeln, ist das zwar auch mit mentaler Aktivität verbunden, aber diese ist ziellos. Wir folgen vielmehr den Gedanken, die unser Bewusstsein durchströmen. Deswegen drehen sich unsere Gedanken lediglich im Kreis. Wir denken nicht wirklich über ein Problem nach. Wir kreisen nur drumherum. Ein Gedanke löst den nächsten aus, der führt uns zum nächsten, der zu einem vierten und dann kommen wir womöglich auch schon wieder beim Ausgangsgedanken an.

Die Gedanken triggern sich gegenseitig. Wir greifen aber nicht bewusst in diesen Prozess ein. Wir lenken unsere Gedanken nicht in dem Bemühen, eine Lösung zu finden. Wir lassen uns von ihnen lenken. Wie Blätter im Wind lassen wir uns mal hierhin, mal dorthin treiben.

Um zu einer Lösung zu gelangen, müssen wir bewusst Energie aufbringen. Wir müssen unsere Gedanken, zum Beispiel durch gezielte Fragen, in die gewünschte Richtung lenken.

Wenn Gisela wissen möchte, ob ihr Chef tatsächlich mit ihrer Arbeit zufrieden ist oder sie beim Gespräch nur abgefertigt hat, kann sie sich fragen: Wie kann ich mir diese Frage beantworten? So schickt sie ihren Verstand auf Ideensuche. Dieser schlägt ihr jetzt vielleicht vor, ihre Kollegen und Kolleginnen zu fragen, wie deren Feedback ausgefallen ist. Falls ihr Verstand nun abschweift und Gedanken dazu produziert, dass ihre Kollegin sowieso vom Chef bevorzugt wird und sich der Kollege immer so einschleimt, würde lösungsorientiertes

Nachdenken bedeuten, den Verstand liebevoll wieder einzufangen. »Was könnte ich noch tun, um eine Antwort auf meine Frage zu bekommen?« Der Verstand produziert jetzt weitere Ideen, zum Beispiel den Chef noch einmal direkt zu fragen, und Gisela bekommt konkrete Ansatzpunkte, um in die Umsetzung zu gehen.

Lösungsorientiertes Denken hat ein klares Ziel und somit eine klare Richtung, die vorgegeben ist. Beim Grübeln hingegen fehlt uns die Richtung. Daher führt es auch zu keinem Ergebnis.

Wie viele Antworten hast du durch vergangenes Grübeln bereits gefunden? Wenn es nur wenige waren, heißt das, du musst noch intensiver grübeln?

Die Wahrheit ist: Durch Grübeln bekommen wir keine Antworten auf unsere Fragen. Sogar der Duden beschreibt Grübeln als: »seinen oft quälenden, unnützen oder fruchtlosen Gedanken nachhängen«. Denn genau das passiert beim Grübeln:

- Grübeln ist fruchtlos: Weil wir etwas aus allen Ecken beleuchten und es in Schleifen wieder und wieder durchgehen, uns dabei aber schlichtweg im Kreis drehen. Wir springen von Gedanke zu Gedanke und denken keinen von ihnen je zu Ende. So bleiben unsere Gedanken diffus und abstrakt. Sie führen zu nichts.
- Grübeln ist quälend: Meist denken wir beim Grübeln sehr kritisch über uns selbst und unsere eigenen Handlungen, Fehler und Eigenschaften nach. Typischerweise geht es darum, wie wir etwas besser hätten machen können, woran wir jetzt aber natürlich nichts mehr ändern können. Das lässt uns nur mit Gefühlen von Schuld, Scham, Hilflosigkeit, Trauer, Verzweiflung oder Wut zurück.

Die Psychologie-Professorin Barbara Fredrickson sagt: Wer grübelt, gießt »Öl ins Feuer der Negativität«.[1] Was das für einen Brand ergibt, weißt du wahrscheinlich.

Tatsächlich ist exzessives Grübeln Gift für unser emotionales Wohlbefinden. Das gedankliche Durchkauen von Sorgen, Enttäuschungen und negativen Erlebnissen ruft jede Menge unangenehme Emotionen hervor, trübt die Stimmung und erzeugt Anspannung und Stress. Kein Wunder, dass wir beim Grübeln oftmals vor lauter Belastung nicht schlafen können.

Grübeln schürt zudem Gefühle von Hilflosigkeit. Wer viel Zeit mit »Nachdenken« verbringt und dennoch keine Lösungen findet, fühlt sich zunehmend hilflos, verzweifelt und verfällt in Passivität. Zahlreiche wissenschaftliche Studien deuten darauf hin, dass übermäßiges Grübeln ein Risikofaktor für die Entwicklung und Aufrechterhaltung von Depressionen sein kann.[2] Intensives, lang anhaltendes Grübeln geht also nicht nur mit einer erhöhten Wahrscheinlichkeit einher, an einer Depression zu erkranken oder bereits depressiv zu sein. Es kann auch dazu führen, dass die Depression länger anhält und schwerer ausfällt sowie mit einer schlechteren Heilung und häufigeren Rückfällen einhergeht.

VERLOREN IM LABYRINTH DER SORGEN

Ob sich deine Gedanken um vergangene Ereignisse drehen oder sich ausmalen, was in der Zukunft alles Schlimmes passieren könnte, der Grübelprozess bleibt der gleiche.

Auch wenn wir uns Sorgen machen, bewegen sich im Kopf permanent Gedankenspiralen, die sich auf potenzielle Bedrohungen und Gefahren richten, aber zu keiner Lösung führen. Wieder ist die Absicht dahinter eine positive. Wir denken, wenn wir alle möglichen Schwierigkeiten gedanklich vorwegnehmen, können wir uns bestmöglich auf die Zukunft vorbereiten. Und das wäre vermutlich auch so, wenn wir unser Denken lenken und uns lösungsorientiert mit den Sorgen auseinandersetzen würden. Aber erneut: Das tun wir nicht. Wir kreisen mal wieder nur um die potenziellen Probleme.

»Sorgen sind wie ein Schaukelstuhl: Sie geben dir etwas zu tun, aber bringen dich nicht weiter.«
UNBEKANNT

Wenn du dazu neigst, dir Sorgen zu machen, frag dich einmal selbst: Wie oft hast du dich an den Tisch gesetzt, Zettel und Stift in die Hand genommen und deine Befürchtungen einfach mal aufgeschrieben? Vermutlich sehr selten, oder? Ist das nicht verrückt? Die eine Sache, die uns helfen würde, unsere Befürchtungen tatsächlich zu sortieren und zu analysieren, tun wir nicht. Wir setzen uns also nicht wirklich mit unseren Sorgen auseinander. Wir umkreisen sie bloß.

Wenn du dich konstruktiv mit deinen Sorgen auseinandersetzen würdest, würdest du sie zunächst einmal aufschreiben, um das Chaos in deinem Kopf zu sortieren. Wenn sie schwarz auf weiß vor dir liegen, hast du die Möglichkeit, mit Abstand auf deine Befürchtungen zu blicken. Du kannst dann für jede Sorge überprüfen, ob du sie beeinflussen kannst, und wenn ja, was du konkret tun kannst, um dich bestmöglich auf das Szenario vorzubereiten. Ein Student, der fürchtet, durch seine Prüfung zu fallen und dadurch seinen Abschluss nicht zu schaffen, könnte zum Beispiel einen Arbeits- und Zeitplan entwickeln, um den benötigten Stoff zu lernen, und die Möglichkeit einer Wiederholungsprüfung ermitteln. Wer Angst davor hat, dass bei einer bevorstehenden Reise das Flugzeug abstürzen oder das Gepäck verloren gehen könnte, kann sich Hilfsmittel gegen die Flugangst organisieren und das wichtigste Hab und Gut ins Handgepäck packen. Wer fürchtet, dass er zu dumm für eine bevorstehende Aufgabe ist, dass er versagen und sich lächerlich machen könnte, kann gezielt nach Hinweisen dafür suchen, warum er dieser Aufgabe doch gewachsen ist, sich seiner Ressourcen versichern und sich einen Notfallplan für den *Worst Case* zurechtlegen.

So würde es aussehen, wenn wir uns konstruktiv mit unseren Sorgen auseinandersetzen würden. Aber das machen wir nicht. Wir springen bloß in Gedanken von einer Katastrophe zur nächsten. Wir malen uns Horrorszenarien aus, aber sobald ein Gedanke zu ängstigend wird, wechseln wir zum nächsten Thema. So denken wir kein Problem je zu Ende und gelangen zu keinem vorzeigbaren Ergebnis.

Es ist außerdem der Grund, warum es so belastend ist. Wenn du jemals einen Horrorfilm gesehen hast, weißt du genau, wovon ich spreche. Ein Horrorfilm bleibt genau so lange spannend, wie der oder die Täter maskiert bleiben. Es ist die unbekannte, diffuse Gefahr, die uns das Blut in den Adern gefrieren lässt. Wenn wir nicht wissen, wer hinter der Maske steckt, warum derjenige tut, was er tut, und wann und wie er wieder zuschlägt, ist die Spannung kaum auszuhalten. Doch irgendwann wird jeder Täter entlarvt, die Maske wird ihm oder ihr vom Gesicht gerissen und zurück bleiben in den allermeisten Fällen ziemlich durchschnittliche Menschen, wie beispielsweise die Freunde Billy und Stu, die im ersten Teil des Films »Scream« ihr Unwesen treiben.

Ich weiß nicht, wie es dir geht, aber die Highschool-Schüler Billy und Stu wirken auf mich nicht mehr wie zwei übermächtige Gegner. Billy und Stu können wir besiegen. Wir können uns einen Plan für ihren Angriff zurechtlegen und sie überwältigen. Genauso ist es im Umgang mit Sorgen. Was wirklich belastet, ist die Ungewissheit. Es ist das diffuse, unkonkrete Gefühl, von zahlreichen Gefahren umzingelt zu sein: Das könnte passieren und jenes könnte passieren und was ist, wenn …?

»Die schlimmsten Ängste sind die,
die in unseren Gedanken geboren werden.«
HONORÉ DE BALZAC (FRANZÖSISCHER SCHRIFTSTELLER)

In dem Moment, in dem wir unser Gehirn dazu bringen, eine Sorge wirklich zu Ende zu denken, demaskieren wir sie. Wenn wir gezielt nachdenken und uns konstruktiv mit dem Problem auseinandersetzen, fragen wir uns nicht nur: Was könnte passieren?, sondern auch: Wie kann ich mich darauf vorbereiten und bestmöglich damit umgehen? Wir legen uns einen Plan zurecht und machen aus dem Furcht einflößenden, übermächtigen Gegner eine bewältigbare Aufgabe.

Deswegen lautet ein bekannter Ratschlag im Umgang mit Sorgen auch, zu überlegen, was schlimmstenfalls passieren kann. Auf diese Weise zwingen wir unser Gehirn, unsere Sorgen zu Ende zu denken. In den allermeisten Fällen stellt man dann schnell fest, dass das, was man befürchtet, in Wirklichkeit gar nicht so schlimme Konsequenzen hätte. Aber erneut: Wenn wir über potenzielle Gefahren in der Zukunft nachgrübeln, kommen wir nie so weit. Wir erstellen keinen konkreten Handlungsplan, weil wir nie eine Sorge zu Ende denken.

Manche glauben, dass es hilft, emotional besser gewappnet zu sein, wenn wir in Sorgen und Ängste verwickelt sind. Solche Gedanken sind zwar naheliegend, aber entpuppen sich bei genauerem Hinsehen als Trugschluss.

- Wenn du einmal an die Krisen der letzten Zeit denkst: Haben sie dich emotional nicht so stark mitgenommen, weil du sie schon befürchtet hattest?
- Konntest du bei erwarteten Katastrophen cool bleiben, während dich unerwartete Krisen aus der Bahn geworfen haben?
- Hast du schon mal bei anderen erlebt, dass sie unter einem Beziehungsende, einer Kündigung oder einer anderen Krise weniger oder gar nicht gelitten haben, weil sie zuvor befürchtet hatten, dass es passieren könnte?

Menschen leiden nicht weniger unter dem Ende einer Beziehung, nur weil sie es vorher befürchtet haben. Angst vor etwas zu haben, macht das Erleben nicht weniger schlimm. Es belastet uns nur länger, wenn wir es schon lange vorher mit uns herumtragen. Sorgenvolle Gedanken können weder das Unglück noch das daraus resultierende Leid verhindern. Sonst müssten Menschen, die sich viel Sorgen machen, weniger Probleme haben als andere, weniger durch diese belastet werden oder cooler mit Krisen und Katastrophen umgehen können. Ich kenne allerdings niemanden, auf den das zutrifft.

»Wer fürchtet, dass er leiden wird,
erleidet schon, was er fürchtet.«
MICHEL DE MONTAIGNE (PHILOSOPH UND HUMANIST)

In Gedankenschleifen gefangen zu sein führt daher zu keinem einzigen Vorteil. Im Gegenteil. Es erzeugt Ängste und Stress. Es kommt nicht von ungefähr, dass der Duden als Synonyme für »sich sorgen« »ängstigen, Angst haben, sich fürchten« vorschlägt. Die gedankliche Beschäftigung mit all den potenziellen Horrorvorstellungen, die in der Zukunft wahr werden könnten, schürt Unsicherheit, Angst und Panik. Tatsächlich sind es die sorgenvollen Gedanken, die, wie wir später noch sehen werden, den Angstkreislauf ins Rollen bringen. Denn unser Gehirn kann nicht unterscheiden, ob etwas in der Realität oder nur in der Vorstellung passiert. Malen wir uns in Gedanken bedrohliche Situationen aus, versetzen wir damit den ganzen Körper in Stress. Die Folgen sind Anspannungen, Konzentrationsprobleme, Kopfschmerzen, Herzrasen und Einschlafschwierigkeiten.

Schlimm genug. Aber leider ist das noch immer nicht alles. Denn je mehr wir über Vergangenes oder Zukünftiges nachgrübeln, umso schwerer wird es, das eigene Leben zu bewältigen. Wir haben dann schlichtweg nicht den Kopf frei, um uns auf die wichtigen Dinge oder die vor uns liegenden Auf-

gaben zu konzentrieren. Genau wie bei Gisela bleibt der Stapel Arbeit unerledigt auf dem Tisch liegen. Denn während wir in unseren Gedanken gefangen sind, dreht sich die Welt im Außen weiter. Nur wir können nicht auf sie reagieren, weil wir geistig abwesend sind.

Und diese ständige Abgelenktheit sorgt für weitere Probleme. Die Qualität der Arbeit leidet und es kommt zu Streitigkeiten in Beziehungen. Womöglich kümmern wir uns nicht mehr so um den Haushalt, wie es nötig wäre, um uns wohlzufühlen, sind ständig gereizt, fahren unsere Mitmenschen an, sagen Verabredungen ab, gehen nicht mehr zum Sport und sorgen nicht mehr für unsere Gesundheit. Fehler bei der Arbeit, Konflikte in Beziehungen und die sich verschlechternde Gesundheit sind dann weitere Themen, über die man nachgrübeln und sich den Kopf zermartern kann: »Was stimmt nur nicht mit mir?«, »Warum passiert das immer mir?«, »Warum hab ich diese Probleme?«. Die Stimmung verschlechtert sich weiter, wir fühlen uns von Problemen umzingelt und wollen uns nur noch zurückziehen. Ein wahrer Teufelskreis entsteht, unter dem jeder Bereich des Lebens leiden kann.

Und dann wäre da noch das Problem der Zeitverschwendung. Es spricht nichts dagegen, gelegentlich seinem Kopfkino zu verfallen. Aber wer gewohnheitsmäßig viele Stunden in seinem Gedankenkarussell gefangen ist, verliert wertvolle Zeit, die er anderweitig in die Verfolgung seiner Ziele und den Aufbau seines Wunschlebens stecken kann.

»Ich habe in meinem Leben einige schreckliche Dinge erlebt, von denen einige tatsächlich passiert sind.«

MARK TWAIN (US-AMERIKANISCHER SCHRIFTSTELLER)

DIE WIEGE DES GRÜBELNS: WIE NEGATIVE DENKGEWOHNHEITEN ENTSTEHEN

Im Laufe der Zeit entstehen aus Erfahrungen automatisierte Denkmuster, die wir gewohnheitsmäßig anwenden, selbst, wenn sie uns nicht wirklich weiterbringen.

Das ewige Kreisen um Probleme, das Hin- und Herwälzen all deiner Unzulänglichkeiten, das permanente »Was wäre, wenn …« und »Hätte, hätte, Fahrradkette« führt zu nichts außer Selbstzerfleischung, Kummer und Anspannung. Es verursacht Stress, hält dich vom Schlafen ab, verschwendet Zeit und führt dich sicher auch nicht näher an eine Lösung heran.

Mal ehrlich, würdest du anderen Menschen in schwierigen Lebenssituationen empfehlen zu grübeln, um ihre Probleme zu lösen? Wahrscheinlich nicht. Denn in den meisten Fällen wird uns ein fünfminütiges gezieltes Nachdenken deutlich weiter bringen als das tagelange Kreisen um das Problem herum.

Warum aber machen wir das dann nicht viel häufiger? Weil wir es, wie so vieles, schlichtweg nicht gelernt haben. Niemand hat uns je erklärt, wie unser Verstand wirklich funktioniert. Wir glauben, nachzudenken, während wir in Wirklichkeit nur die gewohnten Programme abspulen. Wir versuchen, Antworten auf unsere Fragen zu finden, Probleme zu lösen, Schwierigkeiten vorauszusehen und um Gottes willen die richtigen Entscheidungen zu treffen.

Unsere Absichten sind gut. Aber die Umsetzung lässt zu wünschen übrig. Denn wir greifen auf unsere gewohnten Denkstile zurück. Auf das, was sich in der Vergangenheit aufgrund unserer Persönlichkeit, unserer Erfahrungen oder den Einflüssen unseres Umfeldes als Denkmuster entwickelt hat. Vielleicht hat dir das Grübeln über vergangene Ereignisse vorübergehend eine gewisse Erleichterung verschafft, weswegen du es dann gleich noch einmal probiert hast. Vielleicht wurdest du früher auch für deine Umsicht gelobt, wenn du dir besonders viele Sorgen gemacht hast, oder du hast Zuwendung und Trost für dein Katastrophendenken erhalten.

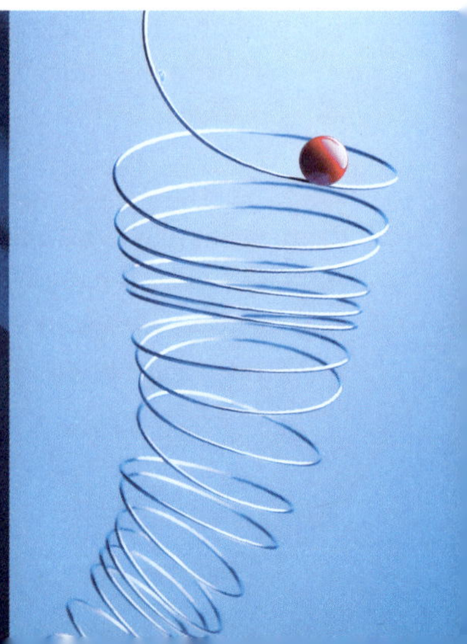

Wenn wir eine belohnende Erfahrung machen, zum Beispiel positiv bestätigt werden, werden Neurotransmitter wie Dopamin freigesetzt, die das Verhalten verstärken und dazu führen, dass wir es wiederholen. Unser Gehirn schlägt uns das entsprechende Verhalten also in einer vergleichbaren Situation wieder vor: »Hey du, das letzte Mal sind wir mit unseren Sorgen ganz gut gefahren. Ist vielleicht einen zweiten Versuch wert?«

Jedes Mal, wenn wir eine bestimmte Denkweise ausüben, werden im Gehirn die entsprechenden neuronalen Verbindungen gestärkt. Das Gehirn lernt, in der entsprechenden Situation mit Sorgen zu reagieren, und wird es von nun an – sofern es sich als ungefährlich und vielleicht sogar wirkungsvoll herausgestellt hat – standardmäßig vorschlagen. Jetzt haben wir es mit einer Gewohnheit zu tun, die automatisch erfolgt, auch ohne bewusste Absicht. Das Gehirn schenkt dem Verhalten nun keine Aufmerksamkeit mehr, es hat seinen Job erledigt.

Aber wir verfallen jetzt auch in Grübelspiralen, obwohl wir uns auf die Arbeit konzentrieren möchten. Es ist ein Automatismus geworden, der sich nicht so leicht durchbrechen lässt. Um anders zu denken, müssen wir uns bewusst dafür entscheiden und Energie aufwenden. Für das Standardprogramm aber nicht. Unser Verstand schaltet das automatisch ein. Er kennt es so. Er mag es so. Er sieht auch kein Problem darin. Schließlich sind wir doch ursprünglich mal gut mit dem Verhalten gefahren. Doch nur, weil damit (in der Vergangenheit) ein positiver Aspekt verbunden war, heißt das nicht, dass es insgesamt für unser Leben und unsere Ziele nützlich und vorteilhaft ist.

Die dunkle Seite des Denkens

Im Laufe des Lebens lernen wir, auf bestimmte Art und Weise zu denken. Denkstile bilden sich aus, die wir gewohnheitsmäßig anwenden. Diese Denkgewohnheiten und Überzeugungen können mehr oder weniger hilfreich sein. Manche schaden uns regelrecht, weil sie unser Wohlbefinden belasten und für zahlreiche Probleme in unserem Leben verantwortlich sind.

GISELA GRÜBLERIN – DAS MENTALE HAMSTERRAD

Gisela Grüblerin hast du schon kennengelernt. Sie steht stellvertretend für alle, die dazu neigen, gedanklich um Probleme zu kreisen, statt gezielt über sie nachzudenken.

Hierunter fallen alle repetitiven Denkmuster, wie das Grübeln und die Gewohnheit, sich Sorgen zu machen, aber auch das Hadern über Situationen in der Vergangenheit, die wir nicht loslassen und akzeptieren können. Vielleicht neigst du auch dazu, permanent im Kopf deine To-do-Liste aufzuzählen.

Ich zum Beispiel hatte lange Zeit das Problem, meinen Stress zu verstärken, indem ich im Kopf ständig meine anstehenden Aufgaben aufzählte: »Du musst noch zwei neue Skripte texten, an deinem Buch weiterschreiben, den Brief einwerfen, bei der Versicherung anrufen, die Wäsche aufhängen und den Geschirrspüler einräumen.« Schon klar. So steht es ja auch auf meiner To-do-Liste für den heutigen Tag, aber trotzdem konnte mein Gehirn nicht abschalten und erinnerte mich gebetsmühlenartig daran.

Vielleicht kennst du das auch von dir: dass du bestimmte Informationen, wie zum Beispiel deinen neuen Handy-Freischaltcode oder auch die Zurückweisung, die du neulich erfahren hast, in deinem Gehirn permanent wiederholst?

Im Grunde ist das ein ganz normales Verhalten. Für die kurzfristige Speicherung und Verarbeitung von Informationen ist das Arbeitsgedächtnis verantwortlich. Wenn wir uns etwas merken wollen, wird diese Information im Arbeitsgedächtnis aktiv gehalten, indem sie immer wieder abgerufen und aktualisiert, also quasi in einer Schleife wiederholt wird. Dieses ständige Wiederholen dient dazu, die Speicherung im Gedächtnis zu verstärken und die Wahrscheinlichkeit zu erhöhen, dass wir uns später daran erinnern können. Es ist eine Art von Gedächtnistraining, das dazu beiträgt, die Information vor dem Vergessen zu schützen und sie in das Langzeitgedächtnis zu überführen.

So gesehen ist es vollkommen normal, dass unser Gehirn uns an vermeintlich Wichtiges ständig erinnert. Nur, sobald wir etwas aufgeschrieben (also extern gespeichert) haben, sollte unser Gehirn eigentlich in der Lage sein, die Information seltener abzurufen oder ganz loszulassen. Ist das nicht der Fall, kann das unter anderem daran liegen, dass das ständige Wiederholen von Informationen zu einem automatisierten Denkmuster, also zur Gewohnheit geworden ist.

So war es auf jeden Fall bei mir. Denn selbst im Nachhinein konnte ich das Aufsagen der To-dos nicht loslassen. Wenn alles erledigt war und ich mit dem Fahrrad unterwegs zur Kita war, um mein Kind abzuholen, ratterte es in meinem Gehirn unweigerlich weiter. Es war, als hätte ich einem unbekannten Dritten von meinem stressigen Vormittag erzählt. Ich erwischte mich dabei, in Gedanken durchzugehen, wie ich heute schon zwei Skripte getextet und an meinem Buch weitergeschrieben habe, den Geschirrspüler ausgeräumt, die Wäsche aufgehängt, bei der Versicherung angerufen und den Brief eingeworfen habe. Und das, obwohl ich im Moment eigentlich auf dem Fahrrad saß und den Sonnenschein hätte genießen können. Doch das permanente Kreisen meiner Gedanken ließ das nicht zu. Auf diese Weise halten wir stressige Situationen weiterhin aufrecht. Denn selbst wenn die anstrengende Zeit vorbei ist, lassen wir gedanklich nicht los. Dadurch verpassen wir auch die Möglichkeit, den jeweiligen Moment wahrzunehmen oder uns gedanklich auf eine neue Situation einzustellen.

Vielleicht kennst du dieses Verhalten auch von dir? In Gedanken wieder und wieder deine Aufgaben durchzugehen, selbst, wenn sie schon abgeschlossen sind? Es ist, als wären wir in einem mentalen Hamsterrad gefangen, in dem wir gedanklich immer wieder dieselben Themen durchkauen. Dieses obsessive Nachdenken über vergangene Ereignisse, aktuelle Aufgaben oder zukünftige Herausforderungen kann, wie wir schon gesehen haben, weitreichende Konsequenzen haben.

All die Zeit, die wir damit verbringen, in unsere Gedanken verheddert zu sein, sei es, weil wir uns Sorgen machen, über Vergangenes nachgrübeln oder mit uns und der Welt hadern, können wir nicht nutzen, um unser Leben in die richtigen Bahnen zu lenken. Solange wir unsere mentalen Ressourcen darauf verwenden, immer wieder dieselben Gedanken durchzukauen, bleibt weniger Kapazität für echte Problemlösungen.

In der Psychologie wird zwischen Handlungs- und Lageorientierung unterschieden, je nachdem, ob wir unsere Aufmerksamkeit und Anstrengungen auf Verhaltensweisen und Handlungen richten, die wir aktiv beeinflussen können (Handlungsorientierung) oder auf die Bewertung der aktuellen Situation beziehungsweise auf Umstände, die wir nicht unmittelbar kontrollieren können (Lageorientierung). Wenn ich in Gedanken ständig durchgehe, was ich noch alles zu tun habe, hält mich das davon ab, tatsächlich Maßnahmen zu ergreifen, um meine To-do-Liste abzuarbeiten und meine Situation zu verbessern. Ich fokussiere dann nicht darauf, die erste Aufgabe zu erledigen oder einen realistischen Plan zu erstellen, um meine Aufgaben anzugehen. Ich konzentriere mich viel mehr auf die Lage, in der ich mich befinde, und bewerte die Situation (»Dieser Stress!«, »Immer hab ich so viel zu tun«, »Oje, und das auch noch«, »Wie soll das nur gehen?«), was dazu führt, dass ich mich hilflos und überwältigt fühle, da ich das Gefühl habe, keine Kontrolle über die Umstände zu haben. Gleichzeitig geht viel meiner mentalen Energie verloren, die ich anderweitig in das Erledigen meiner Aufgaben stecken könnte.

Das Verharren im mentalen Hamsterrad hat weitreichende Konsequenzen für unser Wohlbefinden und Leben. Wir setzen uns dadurch einem kontinuierlichen Strom von Stresshormonen aus, der unsere Gesundheit beeinträchtigen kann. Auf der emotionalen Ebene verstärken diese Gedanken Angst, Sorge und Unruhe, was zu einer Verschlechterung unseres psychischen Wohlbefindens führt. Zudem hindern sie uns daran, im Hier und Jetzt präsent zu sein und uns auf das, was wichtig ist, zu konzentrieren. Dadurch verpassen wir wertvolle Gelegenheiten, Einfluss auf unser Leben zu nehmen.

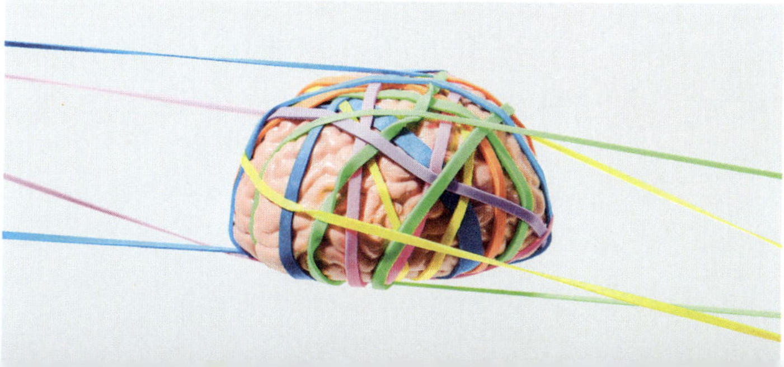

PETER PESSIMIST – IM TAL DER AUSSICHTSLOSIGKEIT

Gehörst du zu den Pessimisten, Schwarzsehern und Katastrophendenkern, schürst du Hoffnungslosigkeit und verbaust dir Chancen.

In Peters Firma ist eine Stelle frei geworden, die perfekt zu seinen Qualifikationen passt. Die Jobbeschreibung interessiert ihn. Die Position würde mit mehr Verantwortung einhergehen, ihm aber auch mehr Freiräume und ein höheres Gehalt verschaffen. Seine Frau bestärkt ihn darin, sich zu bewerben, und selbst seine Kollegen haben schon durchblicken lassen, dass sie ihn für einen geeigneten Kandidaten halten. Doch während er seine Bewerbungsunterlagen zusammenstellt, beginnen die negativen Gedanken in seinem Kopf zu kreisen. »Es gibt sicherlich Dutzende Bewerber, die besser sind als ich. Wahrscheinlich werde ich sowieso abgelehnt.« Seine Bewerbungsunterlagen nimmt er sicherheitshalber am nächsten Tag zur Arbeit mit. Doch immer, wenn er sich aufmacht, sie abzugeben, halten ihn seine Zweifel zurück. Nach einigem Hin und Her wirft er seine Bewerbungsmappe schließlich in den Müll. Besser, es gar nicht erst zu versuchen, als die Demütigung einer Absage zu ertragen.

Peter hat sich eine pessimistische Denkweise angewöhnt. In seinem Kopf wechseln sich permanent Gedanken wie »Das klappt eh nicht«, »Das kann gar nichts werden« oder »Ich hab sowieso keine Chance« ab. Er kann sich nicht vorstellen, dass Dinge gut ausgehen könnten, und erwartet stattdessen das Schlimmste. Hoffnung oder positive Erwartungen? Bei Peter Fehlanzeige.

Peter hat sein Gehirn darauf trainiert, immer nur die Nachteile einer Sache zu sehen und alles negativ zu bewerten. Da sein Gehirn gelernt hat, was für Peter wichtig ist, wird es ihm aus der Flut an Informationen auch in Zukunft das Negative herauspicken, die schlechte Nachricht und den kritischen Blick. Neue pessimistische Verknüpfungen entstehen, verstärken die bestehenden und aus Peters pessimistischen Erwartungen wird eine etablierte Denkgewohnheit.

Nun gibt es ja nach wie vor Menschen, die glauben, dass es besser ist, Pessimist zu sein. Früher gehörte ich auch zu ihnen. Ich dachte, dass ich mich so vor den zwangsläufig eintretenden Enttäuschungen, die mit zu hohen Erwartungen verbunden sind, schütze. Vor jedem Test und jeder Klausur sagte ich mir, dass es dieses Mal bestimmt nicht für eine gute Note reichen würde. Probierte ich etwas Neues, ließ ich mein gesamtes Umfeld vorher wissen: »Ich kann das nicht. Ich stell mich bestimmt total dämlich an.« Ich dachte, wenn ich von vornherein erwarte, schlecht abzuschneiden, tut es nicht so weh, wenn es tatsächlich passiert. Aber leider musste ich feststellen, dass ich trotzdem enttäuscht war, wenn ich erfolglos blieb. Das obligatorische »Ich hab's ja gewusst« änderte daran übrigens auch nichts.

Kennst du diese Situationen auch von dir? Dass du ganz automatisch davon ausgehst, dass etwas nicht klappen kann, und Chancen und Möglichkeiten schlechtredest? Wenn ja, hilft es dir, nach einem Misserfolg weniger enttäuscht zu sein, wenn du ihn im Vorfeld bereits erwartet hast?

Manche glauben, dass eine pessimistische Einstellung zu besserer Vorbereitung führt und damit einen Erfolg sogar wahrscheinlicher macht. Aber hier wird etwas Entscheidendes verwechselt. Es spricht nichts dagegen, über negative Konsequenzen nachzudenken und sich auch das Worst-Case-Szenario vorzustellen. Im Gegenteil, Professor Gabriele Oettingen, die jahrelang über Zielverfolgung geforscht hat, rät, immer auch über die Hindernisse und Stolperstellen, die Gefahren und Probleme eines Vorhabens nachzudenken, um sich bestmöglich vorbereiten zu können.[3] Pessimisten spielen aber nicht gedanklich durch, dass eine Sache auch schiefgehen könnte, und planen dann, wie sie den Misserfolg vermeiden können. Sie erwarten von vornherein, dass, was immer sie tun, schiefgehen wird, und lassen keinen Spielraum für andere Möglichkeiten. Wenn ich aber von vornherein erwarte, zu scheitern, warum sollte ich mich dann überhaupt noch bemühen?

»Die größten Hindernisse für das Leben sind die Erwartungen, die du in deinem Kopf erschaffst.«

MARCUS VALERIUS MARTIALIS
(RÖMISCHER DICHTER)

Negative Erwartungen motivieren nicht. Sie spornen uns nicht an, besser zu sein, und führen deshalb nicht zu Erfolg. Das Gegenteil ist der Fall. Die pessimistische Einstellung führt im Sinne der sich selbsterfüllenden Prophezeiung oft dazu, dass wir den erwarteten Misserfolg unbeabsichtigt durch unser Verhalten selbst herbeiführen. So ging es mir, als ich vor vielen Jahren mit Freunden zur Feier eines Geburtstages Minigolf spielte. Weil ich zu dem Zeitpunkt noch nie gespielt hatte, erwartete die Pessimistin in mir, dass ich schlecht abschneiden und mich total blamieren würde. Ständig sagte ich so etwas wie: »Ich hab das noch nie gemacht. Ich krieg das auf keinen Fall hin« oder: »Ich bin bestimmt total schlecht darin«, was dazu führte, dass ich wirklich ziemlich schlecht war. Meine negativen Erwartungen führten auch dazu, dass ich immer unsicherer wurde und vor jedem Abschlag große Angst hatte. Ich bekam das Gefühl, die anderen machten sich über mich lustig (obwohl das viel eher ich selbst war), ich wurde richtig schlecht gelaunt und hätte das Spiel am liebsten abgebrochen.

Erst als mir durch den Kommentar eines Freundes meine Selbstsabotage bewusst geworden war, hat sich das Spiel gewendet. Ich machte mir klar, dass ich ohne Spielerfahrung gar nicht erwarten kann, die Beste zu sein, aber dass es auch nicht bedeuten müsste, dass ich schlecht darin wäre. Ich erinnerte mich daran, dass wir zum Feiern hier waren und es vollkommen egal war, wie ich in dem Spiel abschnitt. Dadurch konnte ich meine negativen Erwartungen loslassen. Der Unterschied war sofort sichtbar: Nicht nur, dass ich die Freude am Spiel zurückgewann, ich steigerte auch meine Leistung und wurde am Ende Viertbeste von etwa fünfzehn Personen.

»Niemand weiß, was er kann, bevor er es versucht.«
PUBLILIUS SYRUS (RÖMISCHER AUTOR, VORMALS SKLAVE)

Dass Menschen, die sich selbst nichts zutrauen und ihr Scheitern erwarten, schlechter abschneiden, ist in wissenschaftlichen Studien immer wieder belegt worden.[4] Wer pessimistisch denkt, sieht sich eben meist nicht in der Lage, Anforderungen aufgrund der eigenen Fähigkeiten erfolgreich bestehen zu können. Diese Selbstwirksamkeitserwartung spielt jedoch eine entscheidende Rolle für Motivation, Ausdauer und Erfolg.

Weil ich schon im Vorfeld davon überzeugt war, zu scheitern, beeinträchtigte das mein Selbstvertrauen und löste Ängste und Unsicherheit aus. Statt mich auf die Aufgabe zu konzentrieren und mein Bestes zu geben, wurde ich ständig von meinen Selbstzweifeln abgelenkt. Ich konzentrierte mich stärker auf die Lage (»Ich kann das nicht«, »Alle schauen zu«, »Die werden mich bestimmt auslachen«) als auf die Handlung und den eigentlichen Abschlag.

Hier ein paar Gründe, warum Pessimisten in Vielem schlechter abschneiden als optimistisch denkende Personen. Hunderte von Studien deuten darauf hin, dass die negative Sichtweise zu hausgemachten Schwierigkeiten führt[5]:

- Pessimisten sind weniger erfolgreich: Aufgrund ihrer pessimistischen Sichtweise setzen sie sich zu niedrige Ziele, schöpfen ihre Möglichkeiten nicht aus, lassen Chancen verstreichen und verpassen dadurch die Möglichkeit, erfolgreich zu sein.
- Pessimisten geben schneller auf: Weil sie sowieso nicht an den Erfolg glauben, lassen sich Pessimisten schneller von Fehlern oder Hindernissen entmutigen.
- Pessimisten verhalten sich eher passiv: Aufgrund ihrer negativen Erwartungen verfallen sie leichter in Hoffnungslosigkeit und Depression und nehmen sich dadurch die Möglichkeit, Einfluss auf ihr Leben auszuüben.
- Pessimisten ziehen ihr Unglück selbst an: Negative Erwartungen können zu einer sich selbst erfüllenden Prophezeiung führen. Dabei tritt genau das ein, was man befürchtet. Da Pessimisten stets das Schlimmste vermuten, tragen sie mit ihrem Verhalten oft unbewusst dazu bei, dass die befürchteten Katastrophen dann wirklich geschehen.
- Pessimisten können sich schwer auf Beziehungen einlassen: Wer von anderen stets das Schlechteste erwartet, wird Probleme haben, sich seinen Mitmenschen gegenüber zu öffnen und Vertrauen zu schenken.
- Pessimisten sind unglücklicher: Weil sie nur auf das Negative fokussieren, nehmen sie sich selbst die Möglichkeit, schöne Momente zu erleben. Sie übersehen all das Positive im Leben und reden alles sofort schlecht.

- Pessimisten sind häufiger krank: Weil sie überall Probleme und Misserfolge wittern, signalisieren sie ihrem Körper ständige Gefahr und versetzen sich selbst in Anspannung und Stress. Auf Dauer leidet darunter das Immunsystem. Die Abwehrkräfte sind herabgesetzt und Krankheiten haben leichteres Spiel.
- Pessimisten haben ein höheres Risiko, an einer Depression (und anderen psychischen Leiden) zu erkranken. Da sie nur Negatives erwarten, landen sie häufiger in einer Spirale von Niedergeschlagenheit, Hoffnungslosigkeit und Hilflosigkeit, die charakteristisch für Depressionen ist. Das pessimistische Denken kann die Symptome einer Depression außerdem verschlimmern.

Eine pessimistische Denkgewohnheit kann, aber muss nicht mit Katastrophendenken einhergehen. Beim Katastrophendenken überschätzen wir die Wahrscheinlichkeit, dass etwas Negatives eintritt, und/oder übertreiben das Ausmaß, wie dramatisch dieses negative Erlebnis ist. Typische Katastrophengedanken lauten: »Wenn ich diese Aufgabe nicht perfekt meistere, kann ich meine Karriere vergessen«, »Wenn mein Freund sich verspätet, muss etwas Schlimmes passiert sein« oder: »Wenn ich diese Gelegenheit verpasse, werde ich nie wieder eine Chance wie diese bekommen«. Kurzum: Aus jeder Mücke wird ein Elefant gemacht und dadurch werden Probleme erzeugt, wo eigentlich keine sein müssten. Unser Alltag könnte einfacher und unbeschwerter sein, wenn nicht jede unerledigte Aufgabe in unseren Gedanken sofort in die totale Katastrophe mündet. Mal ganz abgesehen von der Stimmung, die massiv leidet, wenn man überall nur Desaster und Tragödien sieht.

Wenn wir uns angewöhnt haben, stets das Negative zu sehen, Katastrophen zu erwarten und vom Schlimmsten auszugehen, führt dies zu einer ganzen Reihe von Problemen. Die Peters dieser Welt werden Schwierigkeiten haben, sich selbst zu motivieren und ihre Ziele zu verfolgen. Ihre sorgenvollen Gedanken und die traurigen und ängstlichen Gefühle, die diese hervorrufen, beeinträchtigen ihre psychische Gesundheit und ihr Wohlbefinden. Sie verpassen womöglich berufliche oder persönliche Chancen und haben Schwierigkeiten, sich für Beziehungen mit anderen zu öffnen.

»Achte auf deine Gedanken!
Sie sind der Anfang deiner Taten.«
CHINESISCHES SPRICHWORT

REGINA REGELTREU – GEFANGEN IM KORSETT DER KONVENTIONEN

Wenn das Denken in einem Geflecht aus rigiden Regeln und Vorschriften erfolgt, schränken wir uns unnötig ein und beeinträchtigen unsere Handlungsfreiheit.

Regina ist eine Mutter von zwei kleinen Kindern. Ihr ältestes Kind besucht bereits den Kindergarten, während das jüngere Kind, gerade mal achtzehn Monate alt, zu Hause betreut wird. In letzter Zeit hat Regina zunehmend das Gefühl, unzufrieden und gelangweilt in ihrer Rolle als Mutter zu sein. Insgeheim sehnt sie sich danach, wieder in ihren Beruf zurückzukehren und ihre Karriere voranzutreiben. Als sie mit ihrem Mann darüber spricht, schlägt er vor, selbst zu Hause zu bleiben oder die Jüngste ebenfalls schon in den Kindergarten einzugewöhnen, aber Regina wehrt empört ab: »Kleine Kinder gehören zu ihrer Mutter!« Verzweifelt bricht es aus Regina heraus: »Warum bin ich überhaupt so unzufrieden? Ich sollte doch glücklich sein. Ich habe mir immer Kinder gewünscht. Jetzt muss ich das doch auch genießen!«

Ihr Mann versucht, sie zu trösten. Er erinnert sie daran, dass sie eine Frau mit vielen Interessen ist und diese nicht einfach verschwinden, nur weil sie jetzt Kinder hat. Sie könne ihre Kinder *und* ihren Job genießen. Aber Regina wiegelt erneut ab: »Ich hatte einen festen Plan, da kann ich nicht einfach früher wieder zur Arbeit zurückkehren. Und überhaupt, was sollen die anderen denken. Das sieht doch so aus, als wäre ich eine schlechte Mutter und würde meine Kinder überhaupt nicht lieben.«

Regina hat ein ganzes Set an strikten Regeln darüber aufgebaut, wie sie, andere oder die Welt als Ganzes sein sollte, und sie ist so stark mit diesen Regeln identifiziert, dass es ihr nicht mehr möglich ist, davon abzuweichen. Sie sind zu starren Vorschriften geworden, denen sie blind folgen muss, unabhängig davon, ob sie tatsächlich nützlich oder relevant sind. Ähnlich wie das Schwarz-Weiß-Denken erfolgt auch ihr Denken in einem sehr starren Korsett. Dadurch erlegt sie sich und ihrem Leben unnötige Grenzen auf.

Wenn du wissen möchtest, ob es dir ähnlich geht, achte einmal darauf, wie häufig in deinen Gedanken die Worte: »sollte«, »muss«, »richtig«, »falsch«, »fair« und »unfair« auftauchen. An ihnen kannst du gut erkennen, ob auch du dich von vermeintlichen Regeln beschränken lässt. Regina hat ein ganzes Repertoire davon: »Kinder müssen bei ihrer Mutter sein«, »Ich sollte glücklich sein«, »Es ist nicht richtig, vom Plan abzuweichen«. Sie hat für sich festgelegt: »Das ist richtig … und das ist falsch« und davon kann sie selbst dann nicht abweichen, wenn sie unglücklich ist und sich elend fühlt.

Für Außenstehende ist nur schwer nachvollziehbar, warum sich Regina so sehr selbst im Weg steht. Jemand, der nicht mit so starren Regeln identifiziert ist, würde fragen: »Warum machst du es dir so schwer? Du hattest vor, zu Hause zu bleiben, bis beide Kinder drei sind. Jetzt stellst du fest, dass du unter der Situation leidest und gern früher zur Arbeit zurückkehren willst. Dein Mann ist bereit, zu Hause zu bleiben, und es gäbe auch die Option auf eine liebevolle Kinderbetreuung in der Einrichtung, in der auch schon die große Schwester ist. Wo also liegt das Problem?« Aber Regina kann so nicht denken, weil sie vollkommen mit ihren Überzeugungen verschmolzen ist. Sie kann keinen Schritt zurücktreten und mit Abstand einschätzen, ob ihre Überzeugung nützlich oder richtig ist. Ihre Regeln sind Gesetz. Sie sind allmächtig und dürfen unter keinen Umständen gebrochen werden.

»An unseren Gedanken leiden wir mehr
als an den Tatsachen.«
LUCIUS ANNAEUS SENECA
(RÖMISCHER PHILOSOPH UND DRAMATIKER)

Vielleicht kennst du auch jemanden (oder bist selbst diese Person), dessen Denken durch eine Vielzahl von Regeln eingeschränkt ist? Vielleicht kannst du den Streit mit deiner Freundin nicht beilegen, weil du denkst: »Sie muss den ersten Schritt machen«, ärgerst dich über dich selbst, weil du doch eigentlich anders empfinden oder handeln solltest, oder kannst eine Situation aus der Vergangenheit nicht loslassen, weil sie nicht fair war und anders hätte verlaufen sollen?

Vielleicht bist du auch mit den folgenden Regeln vertraut, die dein Leben einschränken: »Ich muss perfekt sein. Ich darf mir keine Fehler erlauben«, »Ich muss allen gefallen«, »Ich muss alles allein schaffen und darf nicht um Hilfe bitten«?

Die Regeln, die wir uns auferlegen, können aus verschiedenen Bereichen stammen: Sie können auf unsere Erziehung zurückgehen, durch persönliche Werte, soziale Normen oder kulturelle Erwartungen zustande kommen. Es ist nicht verkehrt, Leitlinien zu haben, an denen wir unser Verhalten und das der anderen einschätzen und ausrichten. Zum Problem wird dieses Denkmuster nur, wenn wir so damit verschmelzen, dass wir uns nicht mehr flexibel an veränderte Umstände anpassen können. Dann erzeugt es nämlich unnötiges Leid, so wie für Regina, die sich wegen ihrer Gefühle grämt und unter der Situation leidet, aber die Auswege, die vorhanden wären, aufgrund ihres starren Denkens nicht zulassen kann.

Hinzu kommt, dass wir uns durch starre Denkweisen wie diese die Möglichkeit für Wachstum und Erfolg nehmen. Konfrontiert mit einer neuen Aufgabe würde Regina sagen: »Oh

nein, das hab ich noch nie gemacht. Das lass ich lieber!«, weil ihr statisches Denken keinen Raum für Entwicklung zulässt. Diese Einstellung, die von der Psychologie-Professorin Carol Dweck als »fixed mindset« bezeichnet wird, führt dazu, dass sie vor neuen Herausforderungen zurückschreckt, weil sie sie als Bedrohung für ihr Selbstbild betrachtet.

Menschen mit einer wachstumsorientierten Denkweise (»growth mindset«) sagen vermutlich eher: »Oje, das wird nicht leicht, aber ich werde mich da schon einarbeiten.« Sie sehen ihre Fähigkeiten als flexibel und entwickelbar an, was dazu führt, dass sie bei Schwierigkeiten nicht aufgeben und Chancen zum Wachstum ergreifen. Mehrere Studien deuten darauf hin, dass Menschen mit einem Wachstums-Mindset tendenziell besser mit Herausforderungen umgehen, schneller lernen und insgesamt erfolgreicher sind.[6]

Regina hat sich außerdem ein starkes Schwarz-Weiß-Denken angewöhnt. Dabei teilen wir die Welt in extreme Kategorien auf, ohne Raum für Nuancen zu lassen. Alles wird als entweder gut oder schlecht, richtig oder falsch, ganz oder gar nicht betrachtet. Das Mittelmaß fehlt und auch die Möglichkeit, Dinge differenziert einzuschätzen. Regina glaubt, dass eine Mutter, die wieder arbeiten möchte, ihre Kinder nicht liebt. In ihrer Welt existieren nur diese zwei Pole: Entweder du liebst deine Kinder, dann willst du auch immer bei ihnen sein, oder du liebst sie halt nicht. Ihr Mann kann das überhaupt nicht nachvollziehen. Er weiß, dass sie ihre Kinder liebt, aber auch ihren Job mag und beides nebeneinander existieren kann.

Immer wieder erlebe ich, wie Menschen, die sich für Nachhaltigkeit einsetzen, in den sozialen Medien angeprangert und als Heuchler verschrien werden, wenn sie Essen oder Shampoo in einer Plastikverpackung kaufen. Auch hier ist wieder der Schwarz-Weiß-Denkfehler am Werk, der uns einreden will, nachhaltig zu leben bedeute, niemals Plastik zu benutzen oder Leder zu tragen, und dass uns die kleinste Abweichung davon direkt zu Umweltsündern und Heuchlern macht. Wer unter diesem Denkstil leidet, blendet aus, dass sich die meisten Dinge auf einem Kontinuum bewegen, auf dem man zum Beispiel mehr oder weniger nachhaltig leben kann. Zwischen Schwarz und Weiß liegen theoretisch unbegrenzt viele Grautöne. Auch Menschen kommen in vielen Schattierungen daher. Es gibt nicht nur Helden und Monster. Genauso finden sich meist auch viel mehr Optionen als der eine vermeintlich richtige Weg oder die katastrophale Alternative.

Und du? Redest du dir auch manchmal ein, dass es nur einen richtigen Weg gibt, eine Sache zu erledigen? »Entweder ich bestehe die Prüfung oder ich kann meine Zukunft vergessen«, »Wenn das nicht klappt, werde ich es nie zu etwas bringen«. Verständlich, dass dieses Denken große Ängste auslöst, weil es uns suggeriert, dass es um alles oder nichts geht, um Leben oder Tod. Wer in Extremen denkt, lebt in permanenter Anspannung. Die kleinste Abweichung vom selbst gesetzten Ideal oder Standard reicht, um ins verhasste Gegenteil zu fallen. Wenn du glaubst, dass es nur Helden oder Monster gibt, musst du dich immer und in jeder Situation heldenhaft verhalten, sonst wirst du direkt zum Monster. Lässt dein Denkstil hingegen Abstufungen zu, kannst du auch dann größtenteils ein Vorbild bleiben, wenn du dich einmal nicht hundertprozentig korrekt verhalten hast.

Menschen, die wie Regina ein sehr starres Mindset haben, neigen auch dazu, aufgrund eines Ereignisses eine allgemeine Regel aufzustellen. Hast du schon mal jemanden sagen hören: »Alle Politiker sind korrupt« oder »Die Jugend von heute ist faul«? Das sind Beispiele für Übergeneralisierungen. Natürlich sind nicht alle Politiker korrupt und nicht alle Jugendliche liegen den ganzen Tag auf der Couch herum. Aber wenn wir dazu neigen, von einigen wenigen negativen Erfahrungen auf eine ganze Gruppe zu schließen, denken wir in genau dieser Weise. Aus einer enttäuschenden Begegnung mit einem Politiker wird plötzlich das Urteil über alle Politiker gefällt und aus dem faulen Nachbarskind wird schnell ein allgemeines Vorurteil über eine ganze Generation. Du erkennst diesen Denkfehler daran, dass du häufig auf die Wörter: »alle«, »nie«, »keiner«, »jede«, »immer« oder »alles« zurückgreifst.

Das Verharren in starren Denkmustern hat weitreichende negative Konsequenzen für unser Leben. Durch die Festlegung auf strikte Regeln setzen wir uns selbst und unserem Handeln unnötige Grenzen. Wir verschließen uns gegenüber neuen Möglichkeiten und Entwicklungschancen, aus dem Unvermögen, von unseren selbst auferlegten Regeln abzuweichen. Wenn wir zudem dazu neigen, in Extremen zu denken, erzeugen wir unnötigen Druck (»Du musst perfekt sein, sonst bist du ein Versager«) und versetzen Körper und Geist erneut in einen Zustand permanenter Anspannung, weil wir uns einreden, dass es nur einen richtigen Weg gibt und jede Abweichung davon katastrophale Konsequenzen hat.

SEBASTIAN SELBSTGEISSLER – IM BANN DES INNEREN KRITIKERS

Haben wir uns angewöhnt, einseitig auf unsere Fehler und Misserfolge zu schauen und uns für jedes Fehlverhalten streng zu kritisieren, leidet das Selbstwertgefühl und wir nehmen uns jede Chance auf Erfolg.

Sebastian ist Mitte vierzig und arbeitet im öffentlichen Dienst. Jeden Morgen, wenn er in den Spiegel schaut, beginnt sein innerer Monolog. »Schau dich an, Sebastian. Du füllst dein Hemd überhaupt nicht aus, bist einfach viel zu schlaksig und deine Haare werden auch immer dünner.« Im Bus, auf dem Weg zur Arbeit, setzt sich eine ältere Frau neben ihn, steht aber an der nächsten Station wieder auf und nimmt sich einen anderen Sitz. Sogleich überschlagen sich seine Gedanken: »Nicht mal die will neben mir sitzen! Was stimmt nur nicht mit mir, dass es keiner mit mir aushält?« Bei der Arbeit angekommen, sieht er gerade noch, wie sein Kollege Sven mit ihrer Vorgesetzten redet und beide miteinander lachen. »Typisch«, denkt Sebastian. »Sven mögen sie natürlich alle.

Sven mit seinem vollen Haar und dem bübischen Lachen. Sven, der neulich dieses große Projekt an Land gezogen hat. Und ich? Warum gelingt mir nie etwas? Ich werde es nie zu irgendetwas bringen.«

Sebastian leidet unter einem starken Defizit-Denken, genährt durch einen Tunnelblick, der ihn einseitig auf seine vermeintlichen Unzulänglichkeiten und Fehler blicken lässt. Im Laufe seines Lebens hat sich die Überzeugung bei ihm gebildet, dass er ein Versager wäre und es niemand lange mit ihm aushalten würde. Vielleicht hat er ähnliche Kritik in der Vergangenheit häufiger gehört oder frühe Verlusterlebnisse wie den Fortgang des Vaters oder das Verlassenwerden von seiner ersten Freundin als Zeichen dafür gedeutet, nicht liebenswert zu sein.

»Der Mensch ist das einzige Lebewesen, das von sich eine schlechte Meinung hat.«
GEORGE BERNHARD SHAW (NOBELPREISTRÄGER UND OSCARGEWINNER)

Heute nimmt Sebastian jede Gelegenheit wahr, sich selbst abzuwerten und sein Aussehen und seine Fähigkeiten immer wieder infrage zu stellen. Seine negative Selbstbewertung beeinflusst seine Wahrnehmung und die Interaktionen mit anderen Menschen. Er fühlt sich abgelehnt und minderwertig, selbst wenn es keine offensichtlichen Anzeichen dafür gibt. Überall sieht er Beweise für seine Unzulänglichkeit, was ihn in seiner negativen Selbsteinschätzung bestärkt. Was Sebastian leider nicht weiß, ist, dass sein negatives Selbstbild durch zahlreiche Denkfehler aufrechterhalten wird.

Denn unser Gehirn ist gar nicht in der Lage, alle Informationen aus der Umwelt gleichberechtigt wahrzunehmen. Es muss bestimmte Reize priorisieren und lässt andere eher unter den Tisch fallen. Priorisiert wird, was mit den bestehenden Meinungen und Überzeugungen übereinstimmt. Widersprüchliche Informationen werden eher ignoriert, was dazu führt, dass wir von vornherein nur Dinge wahrnehmen, die unsere Ansichten untermauern. Weil Sebastian glaubt, dass es niemand lange mit ihm aushält, richtet sich der Filter seiner Aufmerksamkeit bevorzugt auf Ereignisse, die diesen Glauben stützen, während alles, was diesem Glauben widerspricht, einfach ausgeblendet wird. Dadurch entwickelt sich ein stark verzerrtes Selbstbild.

Mit Tunnelblick fokussiert er einseitig auf seine vermeintlichen Fehler oder Misserfolge und sieht die positiven Aspekte seines Lebens und seiner Persönlichkeit nicht. Auf diese Weise bilden sich schnell voreilige Schlussfolgerungen wie »Ich kann gar nichts«, »Nie gelingt mir etwas«, »Ich bin zu nichts zu gebrauchen«, weil die gleichermaßen vorhandenen Stärken und Erfolge nicht berücksichtigt werden.

Wenn Sebastian zurückblickt, sieht er vorrangig schmerzhafte Erfahrungen des Verlassenwerdens oder die Kündigung durch seinen ersten Arbeitgeber. Auch hier bestätigt sich Sebastians Überzeugung, ein Versager zu sein, mit dem es niemand lange aushält. Die Tatsache, dass er den Job bekommen und sich dabei gegen viele Wettbewerber durchgesetzt hat, ist in seinen Erinnerungen kaum präsent. Ebenso das fantastische Abschlusszeugnis, das ihm sein Arbeitgeber ausgehändigt hat. Das liegt daran, dass wir uns auch nicht an alle Ereignisse unseres Lebens gleichermaßen erinnern, sondern vor allem an das, was uns emotional stark berührt hat oder was wir häufig in Gedanken wiederholt haben. Außerdem verändern wir unsere Erinnerungen jedes Mal, wenn wir sie abrufen. Wir lassen etwas weg, schmücken etwas aus, erfinden etwas dazu und formen unsere Vergangenheit so um, dass sie zu unserem aktuellen Selbstbild passt.

Dass Sebastians Selbsteinschätzung zahlreichen Denkfehlern unterliegt, kannst du schon allein daran erkennen, dass sich seine Glaubenssätze durch Verallgemeinerungen und Extreme auszeichnen. Statt »manchmal« heißt es »immer«, statt »wenige« »alle« und statt »könnte« »muss«. »Du machst *immer* alles falsch.« »*Nie* wird dich jemand lieben.« »*Alles* ist hässlich an dir.«

Und noch etwas ist ganz charakteristisch für diese Form selbstabwertender Glaubenssätze. Es sind keine Aussagen über unser Verhalten, sondern wir setzen dabei unser Verhalten mit unserer Person gleich. Eine schlechte Leistung macht uns dann automatisch zu einer schlechten Person. Auch hier zeigt sich wieder der verallgemeinernde und extreme Denkstil. »Manchmal verhalte ich mich ungeschickt« ist eine ganz andere Aussage als »Ich bin ein Tollpatsch und kann nichts richtig«. Das Erste ist eine Beobachtung über unser Verhalten in bestimmten Situationen. Das Zweite ist ein generalisiertes Urteil über uns als Menschen, das keinen Widerspruch zulässt. Auf diese Weise erzeugt Sebastian ein starkes Schwarz-Weiß-Denken. Seine Gedanken sagen ihm: »So ist es und nicht anders. Basta!« Keine Widerrede möglich oder erwünscht.

Manche glauben, dass die selbstkritischen inneren Monologe dabei helfen, motiviert an der eigenen Selbstverbesserung zu arbeiten und Fehler zu vermeiden, um so von mehr Menschen gemocht zu werden. Auch im Sport glaubte man lange, dass harte Kritik und ein strenger Ton notwendig seien, um Athleten zu motivieren und zu Höchstleistungen anzuspornen. Heutzutage erkennen viele Sportpsychologen und Trainer jedoch an, dass ein respektvoller und unterstützender Umgang, der auf positiver Verstärkung und konstruktivem Feedback basiert, effektiver ist, um Athleten zu Höchstleistungen zu treiben. Die Datenlage weist außerdem darauf hin, dass Selbstkritik Motivation untergräbt, während Selbstmitgefühl sie fördert.[7]

In Sebastians Denkgewohnheit hat sich ein weiterer Fehler eingeschlichen. Er neigt zum Personalisieren. Das bedeutet, dass wir Ereignisse ohne erkennbaren Grund auf uns selbst beziehen. So geht Sebastian automatisch davon aus, dass die ältere Dame sich seinetwegen einen neuen Sitzplatz im Bus gesucht hat. Doch dafür gibt es überhaupt keinen Grund. Vielleicht wollte sie einfach allein sitzen, um in Ruhe ihr Buch lesen zu können, oder ihr wird auf den hinteren Plätzen im Bus immer schlecht. Vielleicht wollte sie nur näher an der Tür sitzen, da-

mit sie an der Haltestelle schnell und unkompliziert aussteigen kann, oder sie bevorzugt einen Fenstersitzplatz. Ich habe in meinem Leben schon häufig den Sitzplatz in Bus und Bahn gewechselt, aber fast nie lag es an der Person neben mir.

Vielleicht denkst du gerade, dass es doch egal ist, zu welchen Schlussfolgerungen wir kommen. Aber das ist es nicht. Es macht einen enormen Unterschied, ob ich denke, dass sie einfach in der Nähe vom Ausgang sitzen wollte, oder ob ich glaube, sie ist gegangen, weil sie mich abstoßend fand. Wenn ich Dinge persönlich nehme, die rein gar nichts mit mir zu tun haben müssen, fühle ich mich schnell angegriffen, beleidigt oder missachtet und mir geht es entsprechend schlecht.

Wer zum Personalisieren neigt, sucht die Schuld für alles und jedes zuallererst bei sich.

- »Er hat mich verlassen, weil ich nicht liebenswert bin« – und nicht etwa, weil er zu unreif für eine Beziehung ist.
- »Ich muss etwas falsch gemacht haben. Sie ist sauer auf mich.« – wenn die Kollegin im Vorbeigehen kurz angebunden ist, weil sie schnell zu einem Termin muss.
- »Er möchte mich nicht dazuholen, weil er sich für mich schämt« – wenn der Freund dir eigentlich Bescheid geben

wollte, wenn sie zur Party aufbrechen, es im Trubel dann aber völlig vergessen hat.

Es ist naheliegend, dass dieses Denkmuster häufig bei Menschen vorkommt, die zu Depressionen neigen. Typischerweise generalisieren (»Alles ist immer schlecht …«) und katastrophisieren (ein kleines Missgeschick wird als katastrophaler Fehler gesehen) diese auch, was dazu führt, dass sie sich selbst und die Welt in einem schlechten Licht betrachten und so immer trauriger und hoffnungsloser werden.

Zahlreiche Studien belegen, dass sich selbstkritische innere Monologe negativ auf die mentale Gesundheit auswirken und depressive Symptome, Ängste und Stress verstärken.[8] Es gibt sogar Hinweise darauf, dass die Reduktion selbstkritischer Gedanken bei der Behandlung von Depressionen der stärkste Vorhersagefaktor für eine schnelle und nachhaltige Besserung ist.[9]

Du siehst, wie wir denken, bleibt nicht folgenlos, und was sich in unseren Köpfen abspielt, ist längst nicht immer so produktiv und hilfreich, wie wir gemeinhin annehmen. Über die Zeit können sich Muster einschleichen, die sich negativ auf unser Wohlbefinden und unser Leben im Allgemeinen auswirken.

Auch bildet unser Denken die Realität längst nicht so akkurat ab, wie wir glauben. Oft ist es durch irrationale Annahmen und Denkfehler verzerrt, die zu fehlerhaften Schlussfolgerungen und Entscheidungen führen und für zahlreiche Probleme in unserem Leben verantwortlich sind. Um uns in komplexen Situationen schnell orientieren zu können, greifen wir auf diese vereinfachten Strategien zurück. Andreas Zick, Professor für Sozialpsychologie an der Universität Bielefeld, der seit Jahren über Vorurteile forscht, kommt zu dem Schluss: »Der Mensch ist evolutionär noch nicht klug genug, die Umwelt so wahrzunehmen, wie sie ist. Er muss kategorisieren, um die Informationsflut zu reduzieren. Vor allem in der Not, wenn wir Angst haben oder gestresst sind, verfallen wir ihrer Klarheit und stabilisierenden Wirkung.«[10]

Darum verallgemeinern wir, beziehen Dinge auf uns, fallen in ein Schwarz-Weiß-Denken, katastrophisieren oder gehen vom Schlimmsten aus. Doch so zu denken hat einen Preis. Unsere verzerrte Wahrnehmung der Realität führt zu belastenden Emotionen wie Angst, Trauer, Frustration oder Hoffnungslosigkeit, zu irrationalen Entscheidungen, die negative Konsequenzen haben, zu fehlerhaften Schlussfolgerungen, zu Konflikten in Beziehungen und eingeschränkten Handlungsspielräumen und kann unsere Lebensqualität erheblich beeinträchtigen. Viele namhafte Psychologen, darunter zum Beispiel Aaron Beck (einer der Mitbegründer der kognitiven Verhaltenstherapie) und Albert Ellis (der Begründer der rational emotiven Therapie), waren überzeugt, dass ein beachtlicher Teil psychischer Probleme solchen fehlerhaften Denkgewohnheiten geschuldet ist.

»Der Mensch ist das Produkt seiner Gedanken.
Er ist und wird, was er denkt.«
MAHATMA GANDHI (INDISCHER FREIHEITSKÄMPFER)

Denn was sich in unseren Köpfen abspielt, bleibt nicht dort. Es erzeugt echte Probleme in der echten Welt und hat weitreichende Konsequenzen.

Wie Gedanken unser Leben formen

Obwohl Gedanken von außen nicht sichtbar sind, hat das, was wir im Kopf haben beziehungsweise wie wir damit umgehen, weitreichende Konsequenzen für uns. Unsere Gedanken steuern unsere Wahrnehmung, beeinflussen unsere Gefühle und lenken unsere Handlungen und Entscheidungen. Tag für Tag sind wir von einem ständigen Strom von Gedanken umgeben, die mit unsichtbaren Fäden den Verlauf unseres Lebens bestimmen.

WIE NEGATIVE DENKGEWOHNHEITEN STRESS AUSLÖSEN

Um zu verstehen, warum Gedanken so mächtig sind, müssen wir zunächst einmal verstehen, wie die Informationsverarbeitung im Gehirn funktioniert.

Vereinfacht ausgedrückt, wird ein Großteil der Informationen auf dem folgenden Weg verarbeitet: Über unsere Sinnesorgane nehmen wir einen Reiz aus der Umwelt auf, das heißt, wir sehen, riechen, hören, spüren oder schmecken etwas. Das kann ein lautes Lachen sein, ein beißender Geruch oder eine ruckartige Bewegung vor uns auf dem Weg. Die Sinnesorgane leiten diesen Reiz an das Gehirn weiter, genauer gesagt an den Thalamus, der den größten Teil des Zwischenhirns ausmacht. Der Thalamus wird umgangssprachlich auch »Tor zum Bewusstsein« genannt, weil er besonders starke Verbindungen zum Großhirn aufweist und die Meldungen aller Sinnesorgane hier zusammenlaufen, bevor sie an die Großhirnrinde (cerebraler Kortex) weitergeleitet werden. Die Großhirnrinde ist der Ort der bewussten Wahrnehmung und des Denkens. Erst wenn die Sinnesinformationen hier ankommen, können sie bewusst werden, indem sie zu Bildern oder Begriffen zusammengesetzt und aufgrund früherer Erfahrungen interpretiert werden. Nun haben wir es also mit bewussten Gedanken zu tun. Die ruckartige Bewegung auf dem Weg vor dir interpretierst du an dieser Stelle womöglich als Schlange und somit als lebensgefährliche Situation.

Doch ist die Informationsverarbeitung damit noch nicht abgeschlossen. Von der Großhirnrinde gelangen die Informationen ins limbische System. Die Amygdala, der Mandelkern, wählt nun eine passende gefühlsmäßige Reaktion auf die Informationen aus. Da du die Bewegung auf dem Weg als Schlange und somit als Gefahr bewertet hast, wird sie mit Angst reagieren. Diese gefühlsmäßige Reaktion wiederum wird jetzt noch zum Hypothalamus geschickt, damit dieser die entsprechenden körperlichen Vorgänge aktivieren kann. Im Hypothalamus werden alle vegetativen und hormonellen Prozesse gesteuert. Er kann unter anderem die Freisetzung von Hormonen wie Adrenalin, Noradrenalin und Kortisol stimulieren und den Körper so mit Energie versorgen. Zusätzlich aktiviert er das vegetative Nervensystem, das den Körper in einen Zustand der Aktivierung (Sympathikus) oder Entspannung (Parasympathikus) versetzt. Dadurch wird jetzt unter anderem noch der Herzschlag beschleunigt, was die Durchblutung fördert und somit den Energietransport in die Muskeln unterstützt, die Muskelspannung erhöht und den Stoffwechsel anregt, damit wir optimal auf die Bedrohung reagieren können.

IM TEUFELSKREIS DER ANGST

Gedanken, Gefühle und körperliche Reaktionen sind eng miteinander verbunden und bedingen sich oft wechselseitig. Am Beispiel der Angst lässt sich das gut nachvollziehen.

Nehmen wir an, du stellst fest, dass dir schwindelig ist (Wahrnehmung eines Reizes). Du nimmst diesen leichten Schwindel wahr und sofort überschlagen sich deine Gedanken. »Was stimmt nur nicht mit mir?«, »Ich glaub, ich kippe um«, »Das ist sicher der Vorbote einer schlimmen Krankheit« (Gedanken). Deine Gedanken melden also Gefahr und folgerichtig entsteht Angst (Gefühl). Du wirst zunehmend unruhig und besorgt. Noch während du das Internet auf der Suche nach dem Auslöser für deinen Schwindel durchforstest (Verhalten), reagiert dein Körper mit seinem typischen Notfallprogramm: Dein Herz fängt an, schneller zu schlagen, deine Muskeln verkrampfen, das Blut weicht aus deinen Händen (körperliche Reaktion).

Wenn du das feststellst, zoomt deine Aufmerksamkeit vollständig auf die Wahrnehmung deiner Symptome und du kannst dich auf nichts anderes mehr konzentrieren (Wahrnehmung der Reize). »Oh nein, jetzt bekomme ich auch noch Herzrasen«, denkst du. »Das überlebe ich nicht«, »Ich muss sofort den Notarzt rufen« (Gedanken). Panik macht sich breit (Gefühl). Voller Angst wählst du die Nummer des Notarztes und hoffst, dass du die Zeit bis zu seinem Eintreffen überstehst (Verhalten). Durch deine gesteigerte Angst intensivieren sich auch deine körperlichen Symptome einmal mehr: Dein Herz rast jetzt wie verrückt, deine Hände schwitzen, du zitterst und beginnst zu hyperventilieren (körperliche Reaktion). Erst nachdem der Notarzt dich untersucht und nichts Bedrohliches festgestellt hat, wird dein parasympathisches Nervensystem aktiv und dein Körper kann sich langsam erholen. Du hast den Angstkreislauf zu diesem Zeitpunkt bereits zwei Mal durchlaufen und deine Angstreaktion laufend selbst verstärkt.

»Unsere Gedanken formen unsere Realität. Wenn wir an das Schlimmste denken, ziehen wir es oft auch an.«
SIDDHARTHA GAUTAMA (BEGRÜNDER DES BUDDHISMUS)

Beachte, dass die Umgebungsreize allein nicht ausreichen, um eine Emotion auszulösen. Ich bekomme nicht Angst (Gefühl), weil mich jemand grimmig ansieht (Wahrnehmung eines Reizes). Sonst müssten alle Menschen in Bezug auf Arztkittel, Spinnen oder Zugfahrten gleich empfinden. Tun sie aber nicht. Ich zum Beispiel freue mich auf anstehende Zugfahrten. Ich verknüpfe das Erlebnis damit, Zeit für mich zu haben (zumindest war das vor den Kindern so) und in Ruhe die Landschaft beobachten zu können. Ich freue mich darauf, Musik zu hören und etwas zu naschen, während ich meinen Gedanken nachhänge. Diese positive Bewertung löst positive Gefühle aus. Anderen Menschen treibt der Gedanke an eine Zugfahrt hingegen den Angstschweiß auf die Stirn, weil sie Zugfahrten mit Gefahr, Eingesperrtsein, Fremdbestimmung oder Hilflosigkeit verknüpfen. Also, nein, ein grimmiger Gesichtsausdruck allein löst meine Angst nicht aus. Nur, wenn ich diesen aufgrund bestimmter Vorerfahrungen bewusst oder unbewusst als Gefahr bewerte (»Oh nein, jetzt rastet er gleich aus und schreit mich an«), kommt der Angstkreislauf in Fahrt. Dann werden die körperlichen Reaktionen veranlasst und ein entsprechendes Verhalten wird ausgelöst.

Es sind also, wie der griechische Philosoph und Stoiker Epiktet schon vor zweitausend Jahren wusste, nicht die Dinge selbst, die uns beunruhigen, sondern unsere Vorstellungen und Meinungen, also unsere Gedanken davon.

Bedrohliche Gedanken lösen eine Stressreaktion aus. Ob diese auf Einbildungen oder auf realen Tatsachen beruhen, kann unser Gehirn nicht unterscheiden. Es reagiert automatisch mit seinem Notfall-Rettungsprogramm, sobald wir ihm zu verstehen geben, dass eine Gefahr besteht. Eine kritische Äußerung des Partners an sich bedroht nicht unser Leben. Aber durch Gedanken wie: »Wenn er mich verlässt, werde ich nie wieder einen anderen finden« signalisieren wir unserem Nervensystem, dass eine Katastrophe bevorsteht und unser Überleben akut in Gefahr ist. Unser Körper ist in diesem Prozess im Grunde nur der Befehlsempfänger unserer Gedanken. Er reagiert, weil wir mit unseren bedrohlichen Gedanken den Auslöser geben.

Verlierst du dich in Katastrophengedanken oder machst dir ständig Sorgen, versetzt du deinen Körper dadurch fortlaufend in Stress. Gedanken wie: »Sie könnte mich zurückweisen!«, »Ich habe versagt!«, »Es ist meine Schuld« oder »Das geht auf jeden Fall schief« aktivieren die primitiven Bereiche unseres Gehirns und lösen einen Kampf,- Flucht- oder Totstell-Überlebensmechanismus aus. Der rationale Teil unseres Gehirns, der Neokortex, der für komplexe Denkprozesse und bewusste Wahrnehmung verantwortlich ist, kann durch diesen »Kampf oder Flucht«-Mechanismus vorübergehend beeinträchtigt werden. Das ist der Grund, warum wir unter Stress oft nicht mehr klar denken oder entscheiden können. Wir werden dann förmlich von primitiven Überlebensreaktionen gesteuert. Dann schalten wir in den Kampfmodus oder fliehen vor Konflikten, statt sie auszudiskutieren, oder wir lassen uns eine berufliche Chance entgehen, weil wir in Totenstarre verhaftet sind. Wir können dann nicht mehr logisch denken, keine Lösungen für unsere Probleme finden und Emotionen nicht mehr angemessen regulieren.

An sich ist Stress eine gesunde Reaktion unseres Körpers, um auf Gefahren reagieren zu können. Doch gerät unsere natürliche Alarmanlage aus dem Ruder und meldet ständig und anhaltend Gefahr, können die Stresshormone nicht abgebaut werden. Das Notfallprogramm läuft im Dauereinsatz und führt dann zum Ressourcenabbau. Das Immunsystem wird geschwächt, wodurch wir anfälliger für Infekte und Krankheiten werden. Die bereitgestellte Energie in Form von Zucker und Fett kann zu Gefäßverstopfungen und sogar -verschließungen führen, wodurch unter anderem das Risiko für Herzinfarkte und Schlaganfälle steigt. Magen-Darm-Beschwerden wie Magenschmerzen, Verdauungsstörungen, Reizdarmsyndrom und Geschwüre, aber auch Bluthochdruck, Tinnitus, Verspannungen und Hautprobleme können weitere Folgen sein. Ganz zu schweigen von psychischen Problemen wie Depressionen, Suchterkrankungen, Angst- oder Essstörungen, die durch chronischen Stress auf den Plan gerufen werden können.

Wie sehr anhaltender Stress die Gesundheit beeinträchtigen kann, ist den meisten Menschen bekannt. Genauso wissen wir um die Bedeutung einer guten Ernährung oder ausreichend Bewegung, um Krankheiten vorzubeugen. Wie sehr aber unsere Denkgewohnheiten dazu beitragen können, ob wir kaum, stark oder ständig gestresst sind, ist weit weniger bekannt. Dabei liegt hier ein entscheidender Hebel, um das subjektive Stressempfinden zu verringern, chronischen Stress zu vermeiden und ein höheres Wohlbefinden zu erlangen.

DU FÜHLST, WAS DU DENKST

Gedanken spielen eine Schlüsselrolle bei der Verarbeitung von Sinnesinformationen und somit auch bei der Regulation von emotionalen Reaktionen.

Das zeigt sich auch am Beispiel von Maria und Tom, die gerade im Begriff sind, sich scheiden zu lassen, nachdem ihre Ehe nicht länger funktioniert hat. Die Unterschrift auf dem Scheidungsdokument ist gesetzt und während die Tinte auf dem Papier trocknet, gehen Maria folgende Gedanken durch den Kopf: »Ich habe versagt. Meine Ehe ist gescheitert und ich konnte sie nicht retten. Unsere armen Kinder sind die Leidtragenden. Nur weil wir uns nicht zusammenraufen konnten, müssen sie jetzt darunter leiden.« Aufgrund ihrer Gedanken fühlt sich Maria verzweifelt und unzulänglich. Sie ist voller Schuldgefühle und hat das Gefühl, als Ehefrau und Mutter gescheitert zu sein. Sie spürt eine tiefe Traurigkeit, Angst und Sorge um die Zukunft ihrer Kinder.

Auch an Tom geht die Scheidung nicht spurlos vorbei. Doch er denkt: »Die Ehe war nicht mehr gesund für uns beide. Wir haben es immer wieder versucht, aber es hat nicht mehr funktioniert. Besser, wir beenden es jetzt, als dass unsere Kinder weiter unter der Situation leiden. So haben wir alle die Möglichkeit, neue Wege zu gehen, und den Kindern wird es mit zwei glücklichen Eltern auch besser gehen.« Diese Gedanken führen dazu, dass Tom hoffnungsvoll in die Zukunft blickt und Entschlossenheit in Bezug auf die Scheidung fühlt. Obwohl sich Maria und Tom in derselben Situation befinden, könnten ihre Gefühle nicht unterschiedlicher sein. Es sind die Gedanken, die den Lauf ihrer Gefühle festlegen.

Bedrohliche Gedanken erzeugen Angst, trübselige Gedanken rufen Trauer hervor und Vorwürfe lassen uns wütend werden. Wie ein dunkler Schleier legen sie sich über unsere Stimmung und färben unser ganzes Erleben. Weil Sebastian sich in Gedanken permanent abwertet, wird er sich den ganzen Tag über unsicher und schlecht fühlen. Der Einfluss dieser Gedanken zeigt sich auch in seiner Körperhaltung (Schultern hängen lassen, Blick senken), seinem Verhalten (Einladung zum Feierabenddrink ausschlagen) und seiner Wahrnehmung. Denn je nach Stimmung ändert sich unsere Aufmerksamkeit: In guter Stimmung sind wir offener und empfänglicher für positive Reize und neigen eher dazu, positive Erinnerungen und Gedanken zu aktivieren, während in schlechter Stimmung negative Reize unsere Aufmerksamkeit eher auf sich ziehen und negative Erinnerungen und Gedanken dominieren.[11]

Du kannst dir vorstellen, wie Sebastians Tage aussehen, solange er in seinem Defizit-Denken gefangen ist. Er fühlt sich schlecht, strahlt seine Unsicherheit nach außen aus, verpasst Chancen und gute Gelegenheiten und ist durch seine getrübte Stimmung einseitig in einem Kreislauf gefangen, in dem ihm nur noch mehr Probleme und Misserfolge auffallen.

»Obwohl
Gedanken
nichts wiegen,
kannst du
unter ihrer Last
zusammenbrechen.«

UNBEKANNT

Natürlich sind nicht alle Gedanken mit starken Emotionen verbunden und nicht alle Gedanken lösen automatisch eine körperliche Reaktion aus. Gedanken können sehr vielfältig sein und reichen von bewussten Überlegungen bis hin zu unbewussten Prozessen. Wenn der Gedanke aufkommt, dass du beim nächsten Einkauf Paprika mitnehmen möchtest, wird dies kaum eine starke Reaktion erzeugen. Aber grundsätzlich bedingen sich unser Denken, Fühlen und Verhalten, ja, sogar unsere Wahrnehmung und unsere Körperhaltung, also all das, was uns als Menschen ausmacht, gegenseitig. Das eine funktioniert nicht ohne das andere. Und unsere Gedanken nehmen dabei eine Schlüsselrolle ein. Sie beeinflussen, wie wir die Welt um uns herum wahrnehmen. Sie haben Auswirkungen auf unseren Körper, die spürbar und messbar sind. Sie können Gefühle auslösen, verstärken oder abschwächen und sie beeinflussen auch unser Verhalten, indem sie uns dazu motivieren, bestimmte Handlungen auszuführen, oder uns davon abhalten, etwas zu tun.

DER GLAUBE VERSETZT BERGE

Gedanken sind ungemein mächtig.
Wenn du glaubst, dass etwas nicht möglich ist,
erzeugt das eine Art unsichtbare Hürde,
die dich nicht weiterkommen lässt.

Zu Beginn des 20. Jahrhunderts hatten Leichtathleten aus der ganzen Welt jahrzehntelang versucht, die magische Marke von vier Minuten zu knacken, um eine Meile zu rennen. Wissenschaftler waren sich einig, dass der menschliche Körper nicht dafür gemacht war, schneller zu laufen. Doch am 6. Mai 1954 überquerte der damals fünfundzwanzigjährige Roger Bannister nach legendären 03:59,4 Minuten die Ziellinie. Er schaffte, was niemand für möglich gehalten hatte, weil er es für machbar hielt. Doch was danach geschah, war noch viel erstaunlicher: Noch im selben Jahr schafften es weltweit siebenunddreißig weitere Athleten, schneller als vier Minuten zu laufen. Es brauchte nur einen Mann, der glaubte, dass es machbar ist, um den Bann zu brechen und die Grenzen dessen, was möglich ist, zu verschieben.

Wir erleben unsere Gedanken oft als Realität. Dabei handelt es sich lediglich um Annahmen, die irgendwann entstanden sind. Annahmen, die Grenzen beinhalten, die in echt vielleicht gar nicht existieren. Sie können dazu führen, dass wir, wie Regina, Umstände als unveränderlich akzeptieren und unter ihnen leiden, obwohl es Spielraum für Alternativen gibt.

Diese Annahmen und Erwartungen beeinflussen uns. Sie können unser subjektives und objektives Erleben verändern. Aus Untersuchungen zum Placeboeffekt wissen wir, dass wirkungslose Scheinmedikamente oder -behandlungen Symptome reduzieren und Krankheiten heilen können.[12] Denn der Glaube an die Wirksamkeit erzeugt positive Erwartungen, die die Freisetzung von Neurotransmittern im Gehirn beeinflussen können. Dann werden beispielsweise Endorphine und körpereigene Opiate ausgestoßen, die Schmerzen abblocken und ein starkes Hochgefühl auslösen können.

»Der Glaube an unsere Kraft
kann sie ins Unendliche verstärken.«
FRIEDRICH SCHLEGEL (SCHRIFTSTELLER UND PHILOSOPH)

Studien zeigen auch: Wenn ein Medikament ohne Wissen des Patienten verabreicht wird, ist es deutlich weniger wirksam. Morphin zum Beispiel wird durch Ankündigung doppelt bis dreifach so wirksam als sein pharmakologischer Effekt, weil die Erwartung an die Schmerzlinderung ihr Übriges tut.[13] Prof. Dr. med. Ernil Hansen, der sich mit den Formen und Auswirkungen ärztlicher Kommunikation beschäftigt, sprach daher in einem Interview die Grundsatzempfehlung aus, jede medizinische Maßnahme mit dem Patienten zu besprechen, denn: »Erst mit dem dadurch ausgelösten Placeboeffekt kann die Therapie die volle Wirkung entfalten.«[14]

Genauso wie positive Erwartungen zur Heilung beitragen können, können negative Erwartungen krank machen. Das

Pendant zum Placeboeffekt nennt sich Noceboeffekt und ist immer dann zu beobachten, wenn die pessimistische oder ängstliche Haltung eines Patienten Symptome verschlimmert. So gibt es Hinweise darauf, dass Menschen, die aufmerksam den Beipackzettel eines Medikaments lesen oder ausführlich über die Nebenwirkungen aufgeklärt werden, häufiger unter diesen leiden als solche, die den potenziellen Begleiterscheinungen keine Aufmerksamkeit schenken.[15] In der Fachliteratur werden sogar Fälle von Menschen berichtet, die nach der Einnahme von Scheinmedikamenten in die Notaufnahme gebracht werden mussten und dort kollabierten, weil sie beispielsweise glaubten, eine Überdosis Antidepressiva eingenommen zu haben (und erst dann erfuhren, dass ihr vermeintliches Medikament ein Placebo und sie Teil der Kontrollgruppe waren).[16] Wie das Phänomen genau entsteht, ist noch nicht abschließend geklärt. Vermutlich führen die negativen Erwartungen zur Hemmung beziehungsweise Ausschüttung bestimmter Botenstoffe, die die körperlichen Symptome hervorrufen. Studien mit Hirnscans haben außerdem ergeben, dass die schmerzverarbeitenden Hirnregionen auch dann aktiviert sein können (so, als ob das Gehirn Schmerz spürt), wenn keine Schmerzrezeptoren gereizt werden.[17]

Erkenntnisse wie diese zeigen die tiefgreifende Verbindung, die zwischen Geist und Körper besteht. Unser Denken und unsere Überzeugungen formen nicht nur die Wahrnehmung unserer Wirklichkeit, sie modulieren physiologische Prozesse im Körper und verändern damit die Realität.

Was wir sagen oder bewusst tun, wie wir uns fühlen, auf andere reagieren und mit den Herausforderungen des Alltags umgehen … das alles beginnt im Kopf.

WIR LEBEN IN EINER WELT DER GEDANKEN

Was sich in unseren Köpfen abspielt, ist oft sehr viel prägender für unser Leben als das, was in der Außenwelt passiert. Denn wir folgen den Befehlen unserer Gedanken.

Kommen wir noch einmal auf Sebastian zurück. Eigentlich läuft für ihn gerade alles recht gut. Er ist seit einem Jahr mit Luisa zusammen, die er sehr liebt. Nur sein Verstand lässt ihn einfach nicht in Ruhe und hämmert ihm weiter tagtäglich ein, wie ungenügend und wertlos er doch sei. Ein richtiger Versager wäre er, mit dem es niemand lange aushalten kann. Und deswegen fürchtet er auch, Luisa bald zu verlieren. »Warum sollte sie auch mit mir zusammen sein? Ich kann ihr nichts bieten. Ich bin zu alt für sie, zu langweilig und ich verdiene bei Weitem nicht genügend. Es ist ein Wunder, dass sie überhaupt mit mir zusammen ist. Sie könnte einen viel Besseren finden. Aber wahrscheinlich ist sie auch schon längst auf der Suche.«

Sebastians Gedanken haben ihn so fest im Griff, dass er die Realität gar nicht mehr wahrnehmen kann. Er ist in eine Parallelwelt abgetaucht und in dieser ist die Beziehung zu Luisa schon am Ende. In der realen Welt sagt sie ihm zwar immer wieder, dass sie ihn liebt, macht ihm Komplimente und schmiegt sich in seine Arme. Doch er nimmt ihre Komplimente nicht an, weil er ihnen nicht glauben kann. Er ist so von seinen Gedanken eingenommen, dass er zunehmend misstrauisch wird und sich Luisa gegenüber schnippisch verhält. Er fragt sie ständig, wo sie war und mit wem sie zusammen war. Er schaut ihr Handy durch. Er sucht nach Hinweisen darauf, dass sie schon einen Neuen hat, und damit bringt er sie zunehmend gegen sich auf. Wenn er sein Verhalten nicht ändert, wird Luisa ihn verlassen. Aber nicht, weil er so ein Versager wäre, sondern weil er seinen Gedanken glaubt, die ihm einreden wollen, dass er ein Versager ist.

Was sich in unseren Köpfen abspielt, bleibt eben nicht nur dort. Wenn wir den Stimmen in unserem Kopf Glauben schenken, folgen wir ihren Befehlen, auch wenn wir uns dessen ganz oft nicht bewusst sind. Gedanken beeinflussen unsere Wahrnehmung, formen unsere Einstellungen und Überzeugungen, lenken unsere Entscheidungen und Handlungen und definieren so letztendlich unser Leben.

»Die größte Entdeckung unseres Jahrhunderts ist,
dass Menschen ihr Leben verändern können,
wenn sie ihre Einstellungen ändern.«
WILLIAM JAMES (AMERIKANISCHER PSYCHOLOGE UND PHILOSOPH)

Im Grunde leben wir in einer Welt der Gedanken, denn was in der echten Welt passiert, zählt weit weniger als das, was sich in unseren Köpfen abspielt. In der echten Welt bekommt Sebastian von Luisa Blumen geschenkt. In seiner Gedankenwelt sind diese jedoch nur ein Trostpflaster, weil Luisa längst einen anderen liebt. Wenn Sebastians Verhalten von der echten Welt gesteuert werden würde, würde er sich über die Blumen freuen, Luisa einen Kuss geben und den Abend mit ihr genießen. Aber Sebastians Verhalten wird nicht von den objektiven Tatsachen in der echten Welt gesteuert, sondern von seinen Interpretationen dieser Tatsachen, also von seinen Gedanken. Sie steuern sein Verhalten. Was immer sie ihm einreden, wird gemacht. Und so fällt der gemeinsame Kuschelabend aus. Stattdessen checkt er ihr Handy und fragt sie aus, um Beweise für das zu finden, was in seinem Kopf längst zur Realität geworden ist: dass sie einen anderen hat.

Selbst wenn er an diesem Abend mit Luisa auf dem Sofa einen Wein trinken würde, seine Gedanken würden doch immer wieder zu dem Unbekannten drängen, der Luisas Herz vermeintlich gestohlen hat: »Bestimmt schickt er ihr alle paar Minuten sehnsüchtige Nachrichten aufs Handy«, »Ob sie schon miteinander geschlafen haben?«, »Die Vorstellung von Luisa nackt in seinen Armen …«. Sebastians windet sich auf dem Sofa, ächzt und stöhnt. Seine Gedanken quälen ihn. Irgendwann kann er nicht mehr an sich halten und es bricht aus ihm heraus: »Vielleicht sollten wir einfach Schluss machen. Ich meine, wem machen wir hier eigentlich noch etwas vor?«

Eine ziemliche Überraschung für die ahnungslose Luisa, die bis dahin gedacht hat, sie würden einfach einen schönen Abend miteinander verbringen.

Warst du jemals in einer Situation, wo dein Gegenüber plötzlich etwas gesagt hat, das du überhaupt nicht nachvollziehen konntest? Wenn ja, ist dein Gegenüber vermutlich von seinen Gedanken beeinflusst worden, die nach außen nicht sichtbar und wahrnehmbar sind. Wir können die schönsten Momente erleben, wenn unsere Gedanken uns etwas anderes einreden, ist alles andere egal.

Du bist endlich mit deinem Traummann zusammen, ihr küsst euch das erste Mal, über euch nur der Sternenhimmel, alles ist perfekt, bis dein Kopf plötzlich meldet: »Hey du, weißt du noch, wie es mit Benni war? Da ging es auch bilderbuchmäßig los, bis er sein wahres Gesicht gezeigt hat und du am Ende nur noch ein heulendes Wrack warst.« Autsch, das sitzt. Der Moment ist dann natürlich dahin. Und nicht nur das, die ersten Zweifel machen sich breit. Ist der Neue genau wie

Benni? Wird er dir wieder wehtun? Und schon ziehst du dich aus seinen Armen zurück, beendest den Abend vorzeitig und schließt dein Herz ein kleines Stück fester ein.

Aber zurück zu Luisa und Sebastian. Nachdem sie lange darüber geredet haben, wie Sebastian auf die Idee kam, sie könnte einen anderen haben, und Luisa all seine Zweifel zerschlagen konnte, liegen die beiden nun gemeinsam im Bett. Luisa liegt zufrieden lächelnd in Sebastians Armen, glückselig von den ausgetauschten Zärtlichkeiten. Sebastians Gedanken kreisen aber weiterhin um die Frage, ob es wirklich keinen anderen gibt. Eigentlich hatten sie das Thema diskutiert und sämtliche Zweifel, die er hatte, aus dem Weg geräumt. Aber seine Gedanken kehren immer wieder dahin zurück: »Warum hat sie mir die Blumen mitgebracht? War es wirklich nur einfach so? Aus Liebe? Oder vielleicht doch, weil sie ein schlechtes Gewissen hatte? Es muss ja keine Affäre sein, aber vielleicht hat sie mit jemand anderem geflirtet. In ihrer Galerie sind ständig attraktive Männer unterwegs. Klar, dass die Luisa anhimmeln und der ein oder andere wird sicher schon einen Versuch unternommen haben. Und wer weiß, vielleicht ist sie ja gar nicht so abgeneigt …«

Zack! Schon ist er wieder beim Ausgangsgedanken angekommen. Es ist wie ein Sprung in der Platte. Wieder und wieder drängen sich dieselben Gedanken in Sebastians Kopf. Egal, was Luisa ihm auch sagt. Egal, wie oft sie ihm versichert, dass sie nur ihn will. Egal, wie schön der gemeinsame Abend auch war. Egal, wie gut der Sex ist, den sie in diesem Moment miteinander haben. Sebastian ist von seinen Gedanken vollkommen eingenommen und erlebt die damit verbundene Angst, die Sorgen, den Zweifel, die Wut, die Hilflosigkeit, die Scham, den Betrug und die Verletzung ein ums andere Mal.

»Die schlimmsten Wunden sind die unsichtbaren, die in unseren Gedanken verursacht werden.«
UNBEKANNT

Jede Erfahrung, die wir machen, wird als ein Paket von Gedanken, Gefühlen und Reaktionen gespeichert und genau diese zusammenhängenden Empfindungen werden wieder abgerufen, wenn wir einen Teil des Pakets aktivieren. Sobald ein Gedanke als Erinnerung abgerufen wird, kommen also die eingebetteten Informationen, all die Gefühle und körperlichen Empfindungen wieder hoch. Deswegen tut es jedes Mal aufs Neue weh. Und jedes Mal treibt es einen weiteren Keil in eine eigentlich harmonische Beziehung. Es ist, als würden wir es genießen zu leiden. Warum sonst sollten wir aus einer schönen Situation ein Problem machen? Warum sonst sollten wir uns wieder und wieder denselben Kummer zufügen und gleichzeitig so durch unsere Gedanken vereinnahmt sein, dass wir den schönen Moment in der Gegenwart vollkommen verpassen, der die Beziehung stärken könnte?

VON DER IDEE ZUR WIRKLICHKEIT

Wir leben in einer Welt der Gedanken! Was sie sagen, zählt. Und so wird das, was wir befürchten, oft zu unserer Realität, weil wir unbewusst dafür sorgen, dass es wahr wird.

Psychologen nennen dieses Phänomen eine sich selbst erfüllende Prophezeiung (oder auch Pygmalion-Effekt). Entdeckt wurde sie in den 1940er-Jahren vom amerikanischen Sozialpsychologen Robert K. Merton. Weit bekannter ist jedoch das bahnbrechende Experiment, das die Sozialpsychologen Rosenthal und Jacobson 1965 an einer Grundschule in Kalifornien durchführten, um die Wirkung dieses Phänomens zu illustrieren.[18] Im Rahmen des Experiments wurde den Lehrerinnen der Stufen 1 bis 4 mitgeteilt, dass bestimmte Schüler ihrer Klasse besonders begabt seien, obwohl diese Schüler rein zufällig ausgewählt worden waren und nicht klüger waren als alle anderen.

Und doch waren es genau diese Schüler, die im Verlauf des Schuljahres ihre Leistungen signifikant verbesserten, was darauf hindeutet, dass die Erwartungen der Lehrerinnen das Verhalten und damit auch die Leistung der Schüler beeinflusst hatten. Im Glauben, dass sie es mit besonders intelligenten Kindern zu tun hatten, stellten die Lehrerinnen womöglich höhere Erwartungen an die Leistung dieser Schülerinnen und Schüler, schenkten ihnen mehr Aufmerksamkeit im Unterricht, stellten anspruchsvollere Aufgaben oder ermutigten sie mehr. Durch dieses unterstützende Verhalten begannen die »begabten« Schülerinnen und Schüler tatsächlich, sich schneller zu entwickeln und ihre Leistung zu verbessern.

Unsere Erwartungen beeinflussen also unser Verhalten und das veränderte Verhalten liefert die erwarteten Ergebnisse. Und das funktioniert, unabhängig davon, ob sich unsere Erwartungen auf andere Menschen beziehen (zum Beispiel »Mein Kind ist besonders schwierig« oder »Mein Partner ist nie für mich da«) oder auf uns selbst (»Ich bin nicht klug genug, um im Unternehmen aufzusteigen« oder »Auf der Party wird eh niemand mit mir reden wollen«).

Darum sind unsere Gedanken so mächtig. Sie können etwas, das vorher nur als Idee in unserem Kopf existiert hat, plötzlich Realität werden lassen.

»Jede Revolution war zuerst ein Gedanke im Kopf eines Menschen.«

RALPH WALDO EMERSON (US-AMERIKANISCHER PHILOSOPH UND SCHRIFTSTELLER)

Wie der Verstand funktioniert

Eine gängige Vorstellung der Selbsthilfe-Industrie lautet, dass die Lösung für unsere Probleme darin besteht, negative Gedanken zu unterdrücken oder einfach positiv zu denken. Doch damit wird die grundlegende Funktionalität unseres Gehirns ignoriert. Mit der Konsequenz, dass sich viele schlecht fühlen, wenn sie es nicht schaffen, belastende Gedanken loszuwerden, positiver zu denken oder mit dem Vergleichen aufzuhören.

NEGATIVES HAFTET WIE KLETT

Wieso reicht ein unangenehmer Termin aus, um den ganzen Tag einzufärben, und warum bleibt negatives Feedback oft länger im Gedächtnis als Lob oder Worte der Anerkennung?

Fakt ist: Negatives wiegt schwerer als Positives, weil unser Gehirn in diese Richtung verzerrt ist.[19] In vielen psychologischen Studien konnte gezeigt werden, dass unser Gehirn so verschaltet ist, dass wir Bedrohungen, Verletzungen und Rückschläge schneller erkennen und schneller auf sie reagieren als auf neutrale oder positive Ereignisse. Es ist die Amygdala, der Mandelkern in unserem limbischen System, die auf Muster reagiert, die in der Vergangenheit mit Gefahr assoziiert wurden. Entdeckt sie ein kritisches Muster, ordnet sie im Körper die »Alarmstufe Rot« an und aktiviert innerhalb einer Zehntelsekunde den Körper, bevor wir das Ereignis in den nächsten neun Zehnteln einer Sekunde überhaupt zuordnen können. Die Amygdala verarbeitet zwar auch einige positive Informationen, aber laut den Neurowissenschaftlern LaBar und LeDoux gibt es keine gleichwertige »Alarmstufe Grün«, die uns auf der Stelle über ein freudiges Ereignis informiert. Diese Einschätzung braucht länger, bis sie in unser Bewusstsein dringt.[20]

Die Standardeinstellung unseres Gehirns sieht also vor, auf Schlechtes schneller, stärker und dauerhafter zu reagieren als auf Gutes gleicher Intensität. Darunter fällt auch die Neigung, primär negative Informationen und Eindrücke im Gedächtnis zu behalten. Unsere Vorfahren lebten in sehr gefährlichen Zeiten. Jederzeit konnte man angegriffen oder zur Beute eines hungrigen Tieres werden. Sicherheit existierte nicht und deswegen überlebten diejenigen, die besonders auf Gefahren geachtet haben. So haben wir uns als Spezies entwickelt und deswegen hält unser Gehirn noch heute stets Ausschau nach potenziellen Gegnern und Gefahren, um unser Überleben zu sichern. Selbst wenn wir guter Stimmung oder entspannt sind, sucht unser Gehirn nach potenziellen Bedrohungen. Und wenn tatsächlich etwas schiefläuft, zoomt es mit einer Art Tunnelblick heran und blendet alles andere aus.

Es ist die Aufgabe unseres Verstandes, uns am Leben zu halten. Deswegen macht er uns laufend auf alles Bedrohliche aufmerksam. Ein Rascheln im Gebüsch: Vorsicht, es könnte sich um eine Schlange handeln. Für unser Überleben ist diese Information wichtiger als die Annahme, dass sich zwei Tiere hinter dem Gebüsch balzen.

Die negative Verzerrung unseres Gehirns führt also dazu, dass wir ständig nach schlechten Nachrichten Ausschau halten, intensiv auf sie reagieren und die Erfahrung rasch in neuronalen Strukturen verankern. Gute Nachrichten werden nur flüchtig wahrgenommen, weil wir ständig damit beschäftigt sind, aktuelle Probleme zu lösen. Selbst wenn sie wahrgenommen werden, werden sie häufig nicht als »gute« Erfahrungen verbucht oder landen nur im Kurzzeitgedächtnis. Laut dem Neu-

ropsychologen Rick Hanson[21] gilt für negative Erfahrungen das Klett-Prinzip – sie bleiben im Gehirn haften. Positive Erfahrungen aber unterliegen dem Teflon-Prinzip – sie perlen ab.

Falls auch du dich schon in der Vergangenheit für deine negativen Gedanken verurteilt hast, lass mich dir versichern: Es ist nicht deine Schuld. Du hast nichts falsch gemacht und auch dein Verstand verhält sich vollkommen normal, wenn er sich auf Rückschläge, Fehler und Gefahren fokussiert, statt auf Einhörner, Regenbögen und Sonnenschein. Er macht genau, was er machen soll. Nur ist das nicht unbedingt das, was zu unserem Lebensglück beiträgt. Denn unserem Verstand ist es herzlich egal, ob wir uns gut fühlen und Erfüllung finden. Seine Mission lautet einzig und allein, unser Überleben zu sichern.

UND EWIG LOCKT DER VERGLEICH

Kaum etwas kann unsere Selbstzweifel mehr schüren als der Vergleich mit anderen Menschen. Denn egal, ob Freund oder Promi: Wir ziehen dabei gefühlt immer den Kürzeren.

Ein Kollege erhält eine Beförderung oder eine Auszeichnung, während du selbst scheinbar auf der Stelle trittst, und schon fragst du dich: »Warum habe ich noch keine Beförderung erhalten? Bin ich nicht gut genug?«

Auf dem Spielplatz erzählt dir eine Mutter von ihrer von Montessori inspirierten wöchentlichen Spielzeugrotation, um Babys zwischen null und drei Monaten perfekt zu fördern, und schon fühlst du dich schlecht, meinst, als Mutter zu versagen, und bemitleidest dein Kind, weil es von dir nicht genug gefördert wird. Also schnell zur Ablenkung durch Instagram scrollen, wo dir eine Fitness-Influencerin bei einem grünen Smoothie gerade erzählt, dass sie heute schon im Gym war und 20 000 Schritte gelaufen ist. Gleich rattert es in deinem Kopf: »Ich muss auch dringend wieder Sport machen! Ich bin so faul! Wieso kriegt die das hin, die hat doch auch ein Kind?«

Auf dem Rückweg begegnest du deinen Nachbarn, die das Auto putzen und den Garten frühlingsfit machen, während die Farbe deines Autos bestenfalls als schlammbraun und dein Vorgarten als »ursprünglich« bezeichnet werden könnte. Und wieder sticht es in deinem Herzen und das Gefühl verfestigt sich, dass alle anderen besser dran sind und ihr Leben besser auf die Kette kriegen als du.

Je mehr wir uns auf diese Weise vergleichen, desto stärker können Gefühle von Unzufriedenheit und Minderwertigkeit werden. Am besten wäre es, man würde sich gar nicht mehr vergleichen. Doch das ist mehr als unrealistisch.

»Der Vergleich ist das Ende des Glücks und der Anfang der Unzufriedenheit.«
SØREN KIERKEGAARD (DÄNISCHER PHILOSOPH)

Denn auch das Vergleichen ist ein ganz normales Verhalten, das uns Menschen in die Wiege gelegt worden ist. Während der Steinzeit war es für das Überleben unserer Vorfahren entscheidend, in Gruppen akzeptiert und integriert zu werden. Die Gruppe bot Schutz vor Angreifern. Man half sich gegenseitig und jeder konnte von den Erfahrungen der anderen profitieren und zum Beispiel leicht erfragen, welches Essen giftig war und welches nicht. Ein Ausschluss aus der Gruppe konnte den sicheren Tod bedeuten und deswegen musste alles getan werden, um einen Verstoß aus der Sippe zu vermeiden.

Unser Verstand möchte uns noch heute mit jedem anderen Mitglied unseres Stammes vergleichen, um genau das zu vermeiden. Er lässt uns permanent prüfen: »Bin ich gut genug? Mach ich das Richtige? Bleibe ich irgendwo hinter den Erwartungen zurück oder tue etwas, das zum Ausstoßen aus der Gemeinschaft führen könnte?« Er tut das, damit wir den Schutz der Gruppe nicht verlieren.

Der Verstand meint es nur gut mit uns. Er will unser Überleben sichern. Nur können wir uns heutzutage leider mit nahezu jedem Menschen auf diesem Planeten messen. Niemand muss mehr lang suchen, um jemanden zu finden, der in irgendeiner Weise »besser« ist als wir: schlanker, schöner, erfolgreicher, intelligenter, wohlhabender, mit einem aufregenden Leben, stilvoller Kleidung, geputzten Fußleisten, perfekt angezogenen Kindern oder dem liebevoll gepflegten Vorgarten. Die Konsequenz ist dieses nagende Gefühl von Unzulänglichkeit, das so viele von uns durch den Tag begleitet.

DER INNERE KRITIKER: ER WILL DOCH NUR HELFEN

Selbst der innere Kritiker, diese Stimme im Kopf, die uns ständig kritisiert und auf alle unsere Fehler hinweist, existiert nur, um uns zu schützen.

Sie will sicherstellen, dass wir den Erwartungen der anderen entsprechen. Denn in grauer Vorzeit, als ein Ausstoß aus der Gruppe gleichbedeutend mit dem Tod sein konnte, hatte es oberste Priorität, sich genau so zu verhalten, wie es die Gruppe vorschrieb. Dieses Muster ist noch heute bei uns aktiv, obwohl wir inzwischen auch gut allein überleben können. Unser Verstand, in Form des inneren Kritikers, ist wie eine Art Wächter, der darauf bedacht ist, uns vor Fehlern zu bewahren, die uns von der Gruppe isolieren könnten.

Denn auch heute noch lernen wir von unseren Eltern, Großeltern, Lehrern, Freunden und Nachbarn, wie wir uns verhalten sollen. Wir lernen, welche Eigenschaften und Ausdrucksweisen erwünscht sind und welche es zu vermeiden gilt. Jede Gesellschaft und jede Kultur hat dabei ihre eigenen Regeln, die korrektes Verhalten definieren. Was erwünscht ist und was nicht, wird außerdem von jeder Familie ein wenig anders vorgegeben. Wir wachsen mit diesen Erwartungen an uns auf.

Wir verinnerlichen sie und machen sie zu unseren eigenen Regeln. Es heißt dann nicht länger, »Papa mag nicht, wenn ich weine« oder »Mama stört es, wenn ich laut bin«, sondern »Ich muss stark sein« oder »Ich muss mich zurücknehmen«. Ob sinnvoll oder nicht, ab einem gewissen Punkt wissen wir, wie wir uns verhalten müssen, um Kritik zu vermeiden oder Zuneigung zu erhalten. Wir wissen, welche Eigenschaften uns zu einem wertvollen Mitglied der Familie und der Gesellschaft machen, und nehmen dies zum Maßstab, um unser Verhalten zu bewerten und einzuschätzen.

Deswegen treibt uns der innere Kritiker ständig an, besser zu werden und noch härter zu arbeiten. Er möchte, dass wir genauso stark, schön, bescheiden oder erfolgreich sind, wie es von uns (vermeintlich) erwartet wird, damit wir von der Gruppe gemocht und respektiert werden. Kommen uns die Tränen, warnt er uns, dieses Verhalten sofort einzustellen. Bleiben wir hinter den verinnerlichten Erwartungen zurück, kritisiert er uns, weist uns zurecht und meint dadurch sicherzustellen, dass wir es beim nächsten Mal besser machen werden.

Unser Verstand meint es nur gut, hat aber seit der Steinzeit kein Update erfahren. Er weiß nicht, dass sich unsere Umwelt inzwischen geändert hat und dass diese Vorgehensweise, die früher lebensrettend war, heute nicht mehr angemessen ist. Es droht niemandem mehr der Tod, nur weil Tante Erna findet, dass wir uns zu wichtig nehmen. Und deswegen können wir die Regeln der anderen heute durchaus hinterfragen und es uns leisten, unseren eigenen Weg zu gehen, auch wenn wir damit vielleicht auf Kritik stoßen.

Wenn deine Gedanken also immer wieder zu Fehlern und Problemen flüchten, wenn du dich ständig mit anderen ver-

gleichst oder kritisierst, wenn du versuchst, aus der Vergangenheit sinnvolle Schlüsse zu ziehen, oder dich um die Zukunft sorgst, verhält sich dein Verstand ganz normal. Er hat sich so entwickelt, weil es früher überlebenswichtig war, nach Gefahr Ausschau zu halten, Probleme vorauszusehen und alles zu tun, um den Ausschluss aus der Gruppe zu vermeiden. Und weil unser Gehirn noch genauso funktioniert wie vor hunderttausend Jahren, versucht er auch nach wie vor, uns vor allem zu warnen, was uns irgendwie schaden könnte. Nur, dass die Gefahren heutzutage nicht mehr in dem angreifenden Bären oder Mammut liegen, sondern darin, dick zu werden und dadurch Zurückweisung zu erfahren oder durch die Prüfung zu fallen.

Wir sollten also nicht darauf hoffen, durch bloße Willenskraft nur noch positiv zu denken oder mit dem Vergleichen aufzuhören. Es ist unrealistisch zu erwarten, dass wir diese elementaren Mechanismen unseres Gehirns einfach abschalten können. Tatsache ist, dass schwierige Gedanken und Gefühle zum Menschsein dazugehören.

»Der größte Ruhm im Leben liegt nicht darin,
niemals zu fallen, sondern jedes Mal wieder aufzustehen.«
NELSON MANDELA (FREIHEITSKÄMPFER)

VOM SINNLOSEN KAMPF GEGEN DIE GEDANKEN

Dein Verstand macht, was ein normaler Verstand nun mal tut. Und er meint es gut. Dennoch können die Gedanken, die er produziert, mitunter sehr quälend sein.

Wir leiden unter ihnen und deswegen wollen wir sie loswerden – auf unterschiedliche Weisen. Auch Sebastian hat schon einiges probiert, um nicht länger von dem Gedanken daran, Luisa könnte eine Affäre haben, gequält zu werden.

ABLENKEN: ICH SEH DICH NICHT

Wenn ihn die Gedanken tagsüber bei der Arbeit überfallen, versucht er, sich abzulenken. Er stürzt sich ins Tun, um bloß nicht an den anderen Mann zu denken. Aber das geht nie lange gut. Es scheint ihn einfach alles an dieses Thema zu erinnern. Wenn sein Kollege Matthias an seinem Tisch vorbeikommt, fragt sich Sebastian unweigerlich, ob Luisas Neuer auch einen Dreitagebart trägt und ob Luisa wohl genau darauf steht. Frustriert versucht er, seine Gedanken abzuschütteln und seine Arbeit wiederaufzunehmen. Doch die lästigen Grübeleien kehren ständig zurück. Gedanken daran, dass er einfach nicht gut genug ist. Dass er nichts zustande bringt und Luisa mit einem anderen besser dran wäre. Frustriert steht Sebastian auf. Die Arbeit muss warten. Er holt sich erst mal einen Kaffee.

Ablenkung ist wohl die bekannteste Strategie im Umgang mit unliebsamen Gedanken. Kurzfristig kann es durchaus sinnvoll sein, sich erst mal einen Kaffee aufzusetzen, die Küche aufzuräumen, durch Instagram zu scrollen, ein paar Spiele am Handy zu spielen oder mit den Kollegen zu quatschen. Das lenkt die Aufmerksamkeit weg von den quälenden inneren Bildern, denn wir können uns immer nur auf eine Aufgabe konzentrieren. Widmen wir unsere volle Aufmerksamkeit dem Sudoku-Rätsel, bleibt keine gedankliche Kapazität mehr, um über Sorgen, Selbstzweifel oder vergangene Erlebnisse nachzugrübeln.

Das heißt aber nicht, dass sie nicht immer wieder Wege finden, unsere Aufmerksamkeit erneut gefangen zu nehmen. Gerade zum Abend hin, wenn es ruhiger wird und wir entspannen wollen, kehren die unerwünschten Gedanken häufig mit aller Macht zurück. Mit der Konsequenz, dass wir stundenlang wach liegen und nicht mehr einschlafen können. Und die Ablenkungsmöglichkeiten sind zur Nachtzeit eher begrenzt.

Wenn wir keinen sinnvollen Umgang mit belastenden Gedanken lernen, führt Ablenkung nur dazu, dass die Angst vor den unliebsamen Gedanken größer wird, da wir letzten Endes nichts anderes tun, als sie zu vermeiden. Aus der Angsttherapie wissen wir aber sehr gut: Alles, was wir vermeiden, wird stärker und engt unseren Radius weiter ein. Wer immer nur versucht, sich von seinen quälenden Gedanken abzulenken, bekommt als Resultat nur immer größere Angst vor ihnen und verstärkt dadurch das Problem.

UNTERDRÜCKEN: ICH WILL DICH NICHT!

Wir müssen einen anderen Weg finden, um mit unliebsamen Gedanken umzugehen. Am liebsten würdest du sie wahrscheinlich in die hinterste Ecke des Kopfes verdrängen und möglichst tief vergraben, damit sie ja nicht mehr an die Oberfläche zurückkehren.

Unliebsame Gedanken zu unterdrücken hat mit Sicherheit jeder von uns schon einmal versucht und dann die leidvolle Erfahrung gemacht, dass es einfach nicht funktioniert. Tatsächlich geht diese Strategie sogar nach hinten los, denn Gedanken lassen sich nicht verdrängen. Zumindest nicht dauerhaft. Sie kehren immer wieder in unser Bewusstsein zurück, und zwar umso mehr, je stärker wir versuchen, sie loszuwerden. Gerade dadurch, dass man so intensiv gegen einen Gedanken ankämpft, scheint das Gehirn zu lernen, dass es sich bei dem bekämpften Inhalt um etwas sehr Wichtiges handeln muss. Und weil das Gehirn der Meinung ist, dass wichtige Gedanken unbedingt in unser Bewusstsein gehören, erinnert es uns mit Nachdruck daran.

Dieses Phänomen wurde von dem kanadischen Sozialpsychologen Daniel Wegner beschrieben. In mehreren Experimenten konnte er eindrücklich aufzeigen, dass sich unliebsame Gedanken, Erinnerungen und Vorstellungen sowie die damit einhergehenden Gefühle nicht oder nur kurzfristig unterdrücken lassen. Tatsächlich führt der Versuch häufig dazu, dass die unterdrückten Inhalte in der Folge sogar häufiger auftreten.[22] Ein Ergebnis, das sich auch in zahlreichen Studien anderer Forscher bestätigte.[23] Es ist, als wollten wir einen Luftballon unter Wasser halten. Die kleinste Unachtsamkeit, das kleinste Nachlassen des Händedrucks reicht und schon ploppt der Ballon wieder an die Oberfläche zurück: »Huhu, da bin ich wieder. Du hast doch wohl nicht geglaubt, dass es so einfach sein würde, oder?«

Wir können nicht entscheiden, was in unserem Kopf auftaucht, und genauso wenig können wir das, was uns stört, mal eben wieder löschen. Jemand kann dir eine Pistole an den Kopf halten und trotzdem wärst du nicht in der Lage, die Gedanken aus deinem Kopf zu verbannen, genauso wenig wie du auf Kommando aufhören kannst, jemanden zu lieben.

BETÄUBEN: ICH SPÜR DICH NICHT!

Aus diesem Grund greifen einige Menschen zu Alkohol, Drogen oder Medikamenten, um Ruhe vor ihren störenden Gedanken zu haben. Mittel wie diese betäuben den Verstand vorübergehend. Der Nachteil liegt jedoch auf der Hand: Nach vier Gläsern Wein verschwimmen vielleicht die Gedanken an die potenzielle Affäre der Freundin, gleichzeitig aber auch jeder Rest logisch-analytischen Denkens. Stark alkoholisiert oder unter heftigem Drogen- und Medikamenteneinfluss können wir uns auch nicht mehr adäquat ausdrücken oder gesellschaftlich akzeptabel verhalten. Wird das zum Normalzustand, entstehen neue Probleme, unsere Beziehungen und unsere Gesundheit leiden. Da die quälenden Gedanken außerdem in dem Moment wiederauftauchen könnten, in dem die Wirkung der Mittel verfliegt, müssten wir schon dauerhaft unter Alkohol-, Drogen- oder Medikamenteneinfluss stehen, um frei von ihnen zu sein. Dieser Weg kann also kurzfristig Erleichterung verschaffen, führt langfristig jedoch geradewegs in eine Suchtmittelabhängigkeit.

ABSTELLEN: ES GIBT DICH NICHT!

Alles nicht so einfach. Zumal auch das Nicht-Denken nicht wirklich funktioniert. Bevor ich wusste, wie unser Verstand funktioniert, hab ich so manches Mal versucht, mir das Einschlafen zu erleichtern, indem ich mich bemühte, an nichts mehr zu denken. Ich habe mir dazu vorgestellt, wie ich den schweren rot-samtenen Kinovorhang vor die Leinwand meiner Gedanken schiebe oder die störenden Gedanken aus der Stube fege. Das Ziel sollte sein, alle Gedanken loszuwerden, um dann in Ruhe einschlafen zu können. Wie oft habe ich diesen Vorhang in meinen Gedanken geschlossen! Schlafen gegangen sind meine Gedanken trotzdem nicht. Im Gegenteil: Sie waren weiterhin recht munter.

Vielleicht hast auch du schon mal versucht, an nichts zu denken? Einfach das Gehirn runterfahren? Pause machen? Vorhang zuziehen und alles verdunkeln? Dummerweise kann das nicht funktionieren, denn unser Verstand macht nie Pause. Er ist selbst im Ruhezustand hochaktiv. Unser Gehirn fährt nicht herunter, wie ein PC, der am Abend nicht mehr gebraucht wird, sondern durchläuft auch in Ruhephasen ähnliche Gedankenschleifen, wie wenn wir bei Bewusstsein und wach sind.

Eigentlich ist das eine wunderbare Sache, denn es bedeutet, dass dein Gehirn auch dann versucht, einen knackigen Aufhänger für deine Präsentation zu finden, wenn du auf dem Sofa sitzt und gemütlich eine Tasse Tee trinkst. Aus diesem Grund sind übrigens die berühmten Einfälle unter der Dusche möglich. Während du gedankenverloren in den Duschschaum pustest und den jüngsten Ohrwurm vor dich hin trällerst, hat dein Gehirn ganz plötzlich die passende Einleitung parat. Wir nennen das Geistesblitz, weil die Idee scheinbar aus dem Nichts kam. Kam sie aber nicht. Das Gehirn hat die ganze Zeit fleißig im Hintergrund daran gearbeitet.

Es ist rein physiologisch unmöglich, an nichts zu denken. Unser Gehirn denkt immer. Ob wir es bewusst steuern oder nicht. Ob wir es mitkriegen oder nicht. Wir können unsere Gedanken also nicht einfach anhalten oder stoppen. Jeder Versuch, das zu erreichen, ist zum Scheitern verurteilt.

»Manchmal kann man den Schmerz nicht vermeiden, aber man kann ihn überwinden.«

UNBEKANNT

HINTERFRAGEN: ICH ANALYSIERE DICH!

Was aber können wir dann tun, um belastenden Gedanken die Macht zu nehmen? Oft hören wir, dass wir uns konstruktiv mit ihnen auseinandersetzen sollen. Das systematische Hinterfragen belastender Gedanken ist eine effektive Strategie, die vor allem in der kognitiven Verhaltenstherapie erfolgreich eingesetzt wird. »Kognitive Umstrukturierung« nennt sich die Methode, deren Ziel es ist, dysfunktionale Gedanken zu entkräften, indem man sie mit der Realität abgleicht. Das heißt im Wesentlichen, dass man sich für jeden quälenden Gedanken überlegt, welche Beweise für ihn und welche gegen ihn sprechen. Auf diese Weise gelangt man zu einem realistischeren Gedanken, den man in der Folge statt des quälenden Gedankens abrufen soll.

Gerade für wiederkehrende belastende Gedanken wie zum Beispiel spezifische Sorgen kann es durchaus lohnend sein, sie zu durchdenken, um die Gedanken zurechtzurücken und die Sorge zu entkräften. Doch das systematische Hinterfragen belastender Gedanken hat auch seine Grenzen. So ist es für viele Menschen ziemlich schwer, Beweise zu finden, die ihren aktuellen Gedanken widersprechen. Die Ursache dafür ist mal wieder in der Funktionsweise unseres Gehirns zu finden. Wir alle neigen nämlich dazu, Informationen zu bevorzugen, die zu unseren Überzeugungen passen. Was nicht dazu passt, wird tendenziell eher ignoriert, abgewertet oder vergessen.

Dieser sogenannte Bestätigungsfehler (*confirmation bias*[24]) erfolgt vollkommen unbewusst, führt aber dazu, dass Menschen immer neue Belege für das finden, was sie eh schon denken. Ihre Annahmen verfestigen sich somit, weil widersprechende Informationen gar nicht weiterverarbeitet werden.

Um Gedanken erfolgreich hinterfragen und Verzerrungen entlarven zu können, ist es außerdem notwendig, dass wir in der Lage sind, verschiedene Perspektiven einzunehmen und Dinge aus einem anderen Blickwinkel zu betrachten. Das ist jedoch gerade in negativer Stimmung kaum möglich, denn negative Emotionen verengen die Wahrnehmung. Wenn wir gestresst sind, entwickeln wir eine Art Tunnelblick. Wir sehen eher die Details, aber nicht mehr das große Ganze. Wir schauen wie ein Reh auf der Fahrbahn gebannt in die näher kommenden Scheinwerfer, blenden aber die Welt drumherum komplett aus. Da es in der Natur der Dinge liegt, dass wir beim Hinterfragen unserer Selbstzweifel, Sorgen und vergangenen Fehltritte eher schlecht als gut gelaunt sind, bleibt auch unser Denken begrenzt, wodurch wir mögliche Alternativen und Lösungen womöglich übersehen. Entspannen wir uns, weitet sich der Blick. Durch den größeren Abstand können wir auch Aspekte und Möglichkeiten wahrnehmen, die uns im Tunnelblick entgehen (übrigens ein weiterer Grund, warum uns Lösungen oft unter der Dusche, also in einem entspannten Zustand, einfallen).

Wenn Sebastian jetzt also im Rahmen einer kognitiven Umstrukturierung gefragt wird, welche Beweise dafürsprechen, dass er ein Versager sei, werden ihm aufgrund des Bestätigungsfehlers viele Situationen aus seinem Leben einfallen, in denen er vermeintlich versagt hat. Denn Sebastian hält sich vielleicht seit zwanzig, dreißig, vierzig Jahren für einen Versager und hat somit auch seit zwanzig, dreißig, vierzig Jahren bevorzugt solche Informationen an sich herangelassen (und erinnert), die ihn in seiner negativen Sicht von sich selbst bestätigen.

Wird er anschließend aufgefordert, Gegenbeweise zu suchen, die seiner Annahme, er sei ein Versager, widersprechen, wird ihm das hingegen extrem schwerfallen. Denn sämtliche Erfahrungen, in denen er etwas geleistet hat, gelobt wurde oder erfolgreich war, hat er aufgrund des Bestätigungsfehlers tendenziell herausgefiltert. Er hat sie vermutlich nicht einmal als Erfolgserlebnisse wahrgenommen. Der Tunnelblick tut sein Übriges, um Sebastians Gedanken weiterhin ausschließlich um seine Fehler und Unzulänglichkeiten kreisen zu lassen. Oft muss erst eine außenstehende Person kommen und sagen: »Ja, aber was ist denn mit deiner guten Abinote oder der Führerscheinprüfung, die du beim ersten Versuch bestanden hast? Was ist mit der Tatsache, dass Luisa sich für dich entschieden hat, obwohl sie zu dem Zeitpunkt noch zwei weitere Verehrer hatte?«, bis sich das Blickfeld ein Stückchen erweitert.

Neben dem Bestätigungsfehler unterliegen wir Menschen noch einer Reihe weiterer Denkfehler, die uns eine realistische Einschätzung der Dinge schwer bis nahezu unmöglich machen. Gerade im Umgang mit Sorgen wird oft die Frage gestellt: Wie realistisch ist das? Aber wir Menschen sind nicht unbedingt gut darin, Risiken adäquat einzuschätzen. Wir überschätzen zum Beispiel meistens das Risiko, mit dem Flugzeug zu fliegen, und unterschätzen das Risiko, auf eine Haushaltsleiter zu steigen. Laut Statistischem Bundesamt sind 2022 weltweit 233 Menschen durch Flugzeugabstürze ums Leben gekommen.[25] Im selben Jahr sind jedoch allein in Deutschland 15 551 Personen durch einen Haushaltsunfall gestorben.[26] Dennoch haben die meisten mehr Angst vor einem Flugzeugabsturz als davor, auf einen Stuhl zu steigen und die Vorhänge abzunehmen. Hier spielt laut dem deutschen Psychotherapeuten und Psychotraumatologen Georg Pieper der Faktor Kontrolle eine wesentliche Rolle[27]: Überall da, wo wir Kontrolle abgeben, fühlen wir uns unsicher und überschätzen dadurch das Risiko, das wir eingehen.

Auch fremde Gefahren scheinen uns bedrohlicher als vertraute Gefahren und seltene und extreme Ereignisse brennen sich tiefer in unser Gedächtnis ein als gewohnte Gefahren, wie zum Beispiel die, die durch das Rauchen oder die Grippe entstehen. Wie aber sollen wir zu einem objektiven Ergebnis kommen, wenn wir nicht in der Lage sind, Informationen objektiv auszuwerten?

Zu guter Letzt sind dem Nachdenken als Strategie an sich schon gewisse Grenzen gesetzt. Denn manche Fragen lassen sich durch Nachdenken schlichtweg nicht beantworten.

Du kannst noch so viel nachdenken und dir noch so viele Informationen beschaffen und wirst trotzdem nie mit Sicherheit sagen können, ob es einen Gott gibt oder welchen Sinn das Leben hat. Genauso wenig lässt sich das eigene Leben vorhersagen. Wie oft haben sich schon Menschen an mich gewandt und gefragt, ob sie dieses oder jenes Studium wählen, in Gera bleiben oder nach Hamburg ziehen sollen. Ist es die richtige Entscheidung, ins Ausland zu gehen, den Partner zu verlassen oder jetzt ein Kind zu kriegen? Natürlich können wir uns belesen, Erfahrungsberichte einholen und Pro und Kontra abwägen, aber dadurch können wir trotzdem nie mit Sicherheit sagen, wie es sich anfühlen und in unserem Leben auswirken wird, bestimmte Wege zu gehen.

»Manchmal ist es nötig, unsere Gedanken einfach Gedanken sein zu lassen, ins kalte Wasser zu springen und zu handeln.«
KATHARINA TEMPEL

Sonst bleibt man womöglich Jahrzehnte in einer ungünstigen Situation gefangen, nur weil man noch nicht herausgefunden hat, welche Alternative die richtige ist. Gerade bei Menschen, die zum Grübeln neigen und sich eh schon eher zu viele als zu wenig Gedanken machen, kann die Aufforderung, ihre Gedanken zu hinterfragen, um zu realistischen Einschätzungen zu gelangen, ihr Grübeln sogar noch verstärken.

Und was mache ich, wenn mich die Gedanken mitten bei der Arbeit, nachts im Bett oder während des Sportturniers überkommen, also in Situationen, in denen ich sie nicht direkt auf Herz und Nieren prüfen kann? Wie gehe ich dann damit um? Was kann ich tun, um nicht von ihnen vereinnahmt zu werden?

Ich wette, auch du hast schon alles Mögliche ausprobiert, um schmerzliche Gedanken (oder Gefühle) loszuwerden. Hast dich vielleicht mit Handyspielen oder Verabredungen abgelenkt, hast dich von bestimmten Orten und Menschen zurückgezogen oder Projekte auf die lange Bank geschoben, weil sie mit unangenehmen Gedanken verknüpft waren. Vielleicht hast auch du schon einmal probiert, deine Gedanken zu hinterfragen und zu realistischen Einschätzungen zu gelangen, oder deinen quälenden Gedanken mit positiven Affirmationen entgegenzuwirken. Womöglich hast du versucht, deine Einschlafschwierigkeiten mit Tabletten in den Griff zu bekommen, oder angefangen, ein, zwei Gläser mehr zu trinken, um nicht fühlen zu müssen, was du nicht fühlen willst. Vielleicht hast du schon Bücher gelesen, Yoga gemacht, Meditation getestet oder wie ich früher probiert, einen imaginären Vorhang über deine Gedanken zu schieben.

Zeit, Resümee zu ziehen: Wie nützlich war es? Welche Strategien haben dir geholfen? Waren einige davon vielleicht kurzfristig nützlich? Aber wie war es auf Dauer? Sind die unangenehmen Gedanken zurückgekehrt oder haben deine Bemühungen möglicherweise sogar für Konflikte in deinen Beziehungen oder Probleme bei der Arbeit gesorgt oder deiner Gesundheit geschadet?

DEN KAMPF BEENDEN

Nichts ist sinnloser, als gegen etwas anzukämpfen, das wir nicht ändern können. Zumal der Kampf gegen unangenehme Gedanken und Gefühle diese noch verstärkt.

Es ist schon verrückt, wie sehr uns unsere Gedanken leiden lassen. Kein Wunder, dass wir sie loswerden wollen, verdrängen, ausradieren, löschen. Wir wollen weder sie noch die damit verbundenen Gefühle spüren. Also strengen wir uns an, zerdenken alles oder flüchten uns in Ablenkung, Alkohol oder Tabletten. Wir entwickeln eine ganze Reihe von Strategien, die kurzfristig vielleicht Erleichterung bringen, aber auf lange Sicht meist nicht funktionieren oder unser Leben sogar noch schlechter machen.

Wäre es da nicht besser, wir würden aufhören, gegen das Unvermeidliche zu kämpfen? Gegen etwas zu kämpfen, das du nicht ändern kannst, raubt dir bloß Energie. Es ist, als würdest du permanent gegen die Strömung schwimmen oder versuchen, dich durch möglichst viel Bewegung aus dem Treibsand zu kämpfen.

Dabei stellt uns der Alltag ohnehin meist schon vor genug Herausforderungen. Es ist schwer genug, Arbeit, Haushalt, Familie und sich selbst unter einen Hut zu bringen. Aber wenn du deine ganze Kraft und Energie darauf verwendest, permanent gegen bestimmte Gedanken zu kämpfen, bleibt nicht genug übrig, um dich um die alltäglichen Anforderungen zu kümmern. Wie sollst du dein Kind liebevoll durch einen Wutanfall begleiten, wenn du gleichzeitig verkrampft versuchst, positiv zu denken? Wie sollst du deinen Lieblingsfilm genießen, wenn du parallel dazu damit beschäftigt bist, gegen unliebsame Gedanken zu kämpfen? Wie sollst du dich auf die Aufgabe konzentrieren, die vor dir liegt, wenn deine Aufmerksamkeit ganz von deinen Gedanken gefangen ist? In dem Moment, in dem du aufhörst, gegen unliebsame Gedanken zu kämpfen, sind diese zwar immer noch da, aber du kannst deinen Fokus und deine Energie wieder dafür einsetzen, was im Moment wichtig oder dringend erscheint.

Klar, schwierige Gedanken sind unangenehm, aber gerade der Kampf gegen sie macht alles noch schlimmer, weil er die vorhandenen unangenehmen Gefühle verstärkt. Menschen mit Angststörungen entwickeln zum Beispiel oft Angst vor der Angst. Das bedeutet, dass sie nicht länger nur Angst vor einem bestimmten Auslöser haben, sondern auch Angst davor, Angst zu empfinden. Diese Angst vor der Angst kann die tatsächlichen Angstsymptome verstärken und zum Beispiel erst recht eine Panikattacke auslösen.

Es ist, als würden wir eine eingebaute Terminatorbrille tragen. Sobald wir ein unangenehmes Gefühl oder einen unliebsamen Gedanken entdecken, wird alles rot vor den Augen. Die Anzeige blinkt auf: »Gefahr! Da ist wieder dieser furchtbare Gedanke! Terminieren! Sofort terminieren!«, wodurch die Angst vor dem Gedanken nur noch schlimmer wird. Also setzen wir alles daran, ihn zu verdrängen und loszuwerden.

Aber das klappt nicht. Daher werden wir wütend, weil dieser blöde Gedanke immer wieder kommt. Oder wir werden traurig, weil wir nicht in der Lage sind, ihn am Auftauchen zu hindern. All diese sekundären unangenehmen Emotionen erzeugen neues Leid. Leid, das wir uns ersparen könnten, wenn wir die Terminatorbrille absetzen und den Kampf gegen das, was sich nicht ändern lässt, beenden würden.

Im Leben passieren immer wieder Dinge, die uns traurig stimmen, verletzen, wütend machen oder Schuldgefühle hervorrufen. Es ist daher nur natürlich, eine ganze Bandbreite »negativer« Gedanken zu haben. Zumal unser Kopf darauf programmiert ist, besonders auf das Negative zu achten. Wir können also nicht einfach aufhören, negative Gedanken im Kopf zu haben, genauso wenig wie wir schmerzliche Gedanken und Erinnerungen einfach so löschen können. Sie sind ein Teil unserer menschlichen Erfahrung und sämtliche Versuche, sie loszuwerden, gehen in der Regel nach hinten los. Solange wir gegen unsere Gedanken (und Gefühle) kämpfen, kämpfen wir gegen uns selbst. Dabei vergeuden wir wertvolle Energie und erzeugen nur noch mehr unangenehme Gefühle wie Hilflosigkeit, Trauer, Wut, Angst und Schmerz.

Aber was, wenn ich dir sagen würde, dass du nicht länger gegen deine Gedanken kämpfen musst, weil es einen anderen Weg gibt, dich aus ihrem Griff zu befreien?

Wenn Gedanken uns beherrschen

Gedanken sind unglaublich mächtig und können zu zahlreichen Problemen in unserem Leben führen. Aber das geschieht nur, wenn wir ihnen diese Macht über uns geben. Ein Gedanke an sich ist nicht schädlich. Er ist eine von vielen tausend Ideen, die unseren Geist durchströmen. Gedanken kommen und gehen. Erst, wenn wir uns von ihnen vereinnahmen lassen und ihnen blind gehorchen, können sie das Zepter über unser Leben übernehmen.

WENN DIE KONTROLLE VERLOREN GEHT

Der Verstand ist ein Werkzeug, solange wir in der Lage sind, den Fluss unserer Gedanken flexibel zu lenken. Doch ohne den nötigen Abstand werden wir zu Sklaven unserer Gedanken.

Nora und ihre beste Freundin Nadine haben kürzlich jeweils einen Vortrag gehalten, der nicht wie geplant verlief. Die Reaktion des Publikums war verhalten, es gab unruhiges Stühlerücken und beide kassierten ein kritisches Feedback. Zurück an ihren Schreibtischen fühlen sich beide betrübt und ärgern sich über ihre schlechte Leistung.

Nora spielt den Vorfall immer wieder in ihren Gedanken durch und fragt sich, warum ihr das passiert ist. »Warum habe ich nicht mehr anschauliche Beispiele benutzt?« »Ich war so gelähmt da vorne« »Ich kann das einfach nicht.« Sie fühlt sich niedergeschlagen, frustriert und ist wütend über ihr eigenes Verhalten. Sie kann sich kaum noch auf ihre aktuelle Aufgabe konzentrieren, weil ihr Kopf ihr immer wieder Bilder von ihrem peinlichen Auftritt vorspielt. So abgelenkt gerät sie mit ihrer Arbeit in den Rückstand, was ihr wiederum Anlass zur Sorge gibt. Jetzt grübelt sie darüber nach, was eigentlich mit ihr los ist und ob sie alldem noch gewachsen ist. Diese Gedanken machen ihr Angst, wodurch sie bei der Arbeit noch unsicherer wird. Das fällt auch zunehmend ihren Kollegen und ihrem Chef auf. Das kritische Feedback nimmt zu, genau wie Noras Selbstzweifel. In ihrer Verzweiflung schlägt sie irgendwann vor, sich in eine weniger verantwortungsvolle Position versetzen zu lassen. Ihr Chef ist einverstanden, ihr Verhalten in den letzten Monaten hat schließlich gezeigt, dass sie den Anforderungen der Position nicht (länger) gewachsen war.

Auch Nadine macht sich nach dem misslungenen Vortrag zunächst Vorwürfe, ja, es gehen ihr sogar haargenau die gleichen Gedanken durch den Kopf: »Warum habe ich nicht mehr anschauliche Beispiele benutzt?« und »Ich kann das einfach nicht«. Aber dann merkt sie, dass sie diese Gedanken nicht weiterbringen. Also holt sie Zettel und Stift hervor und überlegt, wie sie es das nächste Mal besser machen könnte. Sie notiert sich: »Früher mit der Vorbereitung anfangen«, »Sich einen guten Aufhänger überlegen«, »Anschauliche Beispiele benutzen« und vieles mehr. So gewappnet fühlt sie sich schon etwas besser. Ihre misslungene Präsentation ist ihr zwar immer noch unangenehm, aber jetzt weiß sie, was sie in Zukunft ändern kann. Dadurch fühlt sie sich zuversichtlicher und schämt sich auch nicht länger für ihre schlechte Leistung. Sie kann sich wieder auf ihre Arbeit konzentrieren und ist jetzt sogar noch motivierter, Bestleistungen abzuliefern, um zu beweisen, dass sie eine gute Mitarbeiterin ist. Das merkt auch ihr Chef, sodass er ihr nur wenige Wochen nach dem misslungenen Vortrag ein wichtiges Kundenprojekt überträgt.

Obwohl beide Frauen denselben Misserfolg erlebt haben, könnten die Konsequenzen kaum unterschiedlicher sein. Das

zeigt, dass es nicht der misslungene Vortrag an sich war, der über ihre weitere Karriere entschieden hat. Misserfolge gehören zum Leben dazu und bieten oft die wertvolle Möglichkeit, aus ihnen zu lernen. Schau dir Nadine an. Mit ihrer Verbesserungsliste ist sie auf dem besten Weg, in Zukunft deutlich überzeugendere Vorträge zu halten. Erlebnisse wie der misslungene Vortrag mögen im Moment wehtun, unangenehm sein und keiner sehnt sie herbei. Aber sie besiegeln in den seltensten Fällen unser Schicksal.

Genauso wenig waren die negativen Gedanken ausschlaggebend, die beide Frauen nach dem Misserfolgserlebnis hatten. Rein psychologisch betrachtet ist es nachvollziehbar und der Situation angemessen, sich nach einer solchen Erfahrung auch Vorwürfe zu machen oder mit der eigenen Leistung zu hadern. Doch während Nadine flexibel zwischen verschiedenen Denkstilen wechseln kann und das Grübeln zugunsten eines lösungsorientierten Vorgehens einstellt, war Nora so verstrickt in ihre Gedanken, dass sie nicht länger frei wählen konnte, wie sie auf einen Gedanken reagieren oder wie sehr sie ihm glauben wollte. Sie war nicht in der Lage, ihr Gedankenkarussell abzustellen. Sie merkte nicht einmal, dass ihr das Grübeln schadete, so sehr hatten ihre Gedanken die Kontrolle über ihr Bewusstsein übernommen. Und da Nora ihren zweifelnden Gedanken aufs Wort glaubte, gehorchte sie ihnen, als sie ihr rieten, sich freiwillig versetzen zu lassen. Sie war zur Sklavin ihres Denkens geworden.

Noras Probleme entstanden nicht, weil sie negativ gedacht hatte. Sie entstanden, weil sie so verstrickt in ihre Gedanken war, dass sie die Situation nicht länger mit Abstand einschätzen konnte. Sie glaubte ihren Gedanken, gehorchte ihnen und ließ sich von ihnen beherrschen. Auch Nadine hatte Zweifel und schämte sich für ihren Misserfolg. Doch sie ließ sich nicht von ihren Gedanken gefangen nehmen. Sie behielt eine Art inneren Abstand bei, der es ihr ermöglichte, zu erkennen, dass sie mit ihren Selbstvorwürfen und Grübeleien nicht weiterkam. Dadurch konnte sie ihr Denken flexibel an die Situation anpassen und sich anschließend lösungsorientiert mit dem Misserfolg auseinandersetzen.

Nadine zeigt, wie ein gesunder Umgang mit unserem Kopfkino aussehen kann. Wir können nicht verhindern, dass uns unser Verstand verschiedene – mitunter quälende – Gedanken zuspielt. Wir können aber entscheiden, wie sehr wir uns von diesen gefangen nehmen lassen, wie viel Raum wir ihnen also geben wollen.

DAS GEFÄNGNIS IM KOPF

Solange wir uns von unseren Gedanken vereinnahmen lassen, können wir nicht die Menschen sein, die wir eigentlich sein möchten, und nicht so leben, wie wir uns das wünschen.

Johanna ist neununddreißig Jahre alt. Vor drei Jahren hat ihr Freund sie wegen einer anderen verlassen. Doch während er sein neues Leben genießt, kann sie das Geschehene nicht loslassen. Ihr ganzes Denken wird davon dominiert. Immer und immer wieder durchläuft sie dieselben Gedankenschleifen: »Wir waren glücklich, bis sie aufgetaucht ist«, »Wenn er sich doch einfach nur ein bisschen mehr Mühe gegeben hätte«, »Und dann diese Art … Er hat mir keine Chance gegeben. Ich wurde einfach vor vollendete Tatsachen gestellt.«

Ich glaube, wir alle kennen so jemanden wie Johanna und leiden mit dieser Person. Es ist nicht schön, verlassen zu werden – wenn ein Lebensabschnitt endet und der Traum einer gemeinsamen Zukunft begraben werden muss. Aber was für uns als Außenstehende oft am schlimmsten ist: zu beobachten, wie Menschen wie Johanna in ihrem Leid feststecken. Es ist wie Treibsand, in den sie sich immer tiefer eingraben. Statt endlich auszubrechen und das Erlebte hinter sich zu lassen, wühlen sie weiter und weiter in diesem Sand herum, bis ihnen die Luft zum Atmen vollends ausgeht, weil ihr Kopf tief im Sand feststeckt.

Dabei sind Johannas Gedanken nur menschlich und nachvollziehbar. Sie sind es nicht, die Johanna leiden lassen. Es ist vielmehr die Tatsache, dass sie so darin verstrickt ist, dass sie ihre Grübelgedanken nicht mehr abstellen kann. Sie haben die Kontrolle über ihr Leben übernommen. Sie nehmen ihre Aufmerksamkeit so sehr ein, dass Johanna gar nicht mehr mitbekommt, wie schlecht es ihrer besten Freundin geht und dass diese sich zunehmend von ihr distanziert. Sie merkt auch nicht, wie sie den Unmut der Kolleginnen auf sich zieht, weil diese ständig für Johanna nacharbeiten müssen. Sie kriegt nicht mal mit, wenn sie Menschen, die es gut mit ihr meinen oder ehrliches Interesse an ihr zeigen, mit ihrer Art verprellt.

Eigentlich möchte Johanna ein Kind bekommen und eine Familie gründen, bevor es zu spät ist. Doch solange ihre Gedanken sie derart im Griff haben, steckt sie in ihrer aktuellen Situation fest und hat keine Möglichkeit, sich auf etwas (oder jemand) Neues einzulassen.

Wäre sie in der Lage, ihr Grübeln bei der Arbeit zu unterbrechen oder ihrer Freundin bei einem Treffen ihre volle Aufmerksamkeit zu widmen, hätte sie diese Probleme nicht. Aber weil sie ihren Gedanken hilflos ergeben ist und ihnen in jeder Situation das Zepter überlässt, kann sie nicht der Mensch sein, der sie sein will (zum Beispiel eine aufmerksame Freundin) und nicht das Leben führen, das sie führen möchte (zum Beispiel eine Familie gründen).

Wenn wir uns derart von unseren Gedanken vereinnahmen lassen, übernehmen sie die Kontrolle über unser Leben. Sie

schreiben uns vor, was wir zu tun oder zu lassen haben, und lenken unsere Handlungen und Entscheidungen. So wie bei Regina Regeltreu, die, obwohl sie leidet, ihr jüngstes Kind weiter zu Hause betreut, weil sie keinen Abstand von den starren Regeln in ihrem Kopf gewinnen kann. Oder wie bei Peter Pessimist, der sich nicht auf die frei gewordene Stelle bewirbt, obwohl er dafür bestens qualifiziert wäre, einzig aus dem Grund, weil seine pessimistischen Gedanken ihn zurückhalten. Oder auch wie bei Sebastian, der Luisas Handy kontrolliert oder vorschlägt, Schluss zu machen, obwohl es dafür keinen Grund gibt (außer seine Selbstzweifel).

Nochmals: Es ist normal, kritische Gedanken zu haben. Wir alle haben einen inneren Kritiker, der darauf aufpasst, dass wir uns gesellschaftlich adäquat verhalten, um unsere Zugehörigkeit zur sozialen Gruppe nicht zu verlieren. Du kannst also nicht unbedingt verhindern, dass dein innerer Kritiker dich fragt, ob du nicht ein bisschen zu dick für dieses Oberteil bist. Entscheidend ist, ob du in der Lage bist, diese kritischen Einwände beiseitezuschieben und zu sagen: »Nö, ich finde, dass mir das Hemd gut steht.« Sebastian kann das nicht. Er ist vollkommen vereinnahmt von seinen abwertenden Gedanken. Er kann keinerlei Abstand zu dem herstellen, was in seinem Kopf vor sich geht, sondern glaubt seinem inneren Kritiker jedes Wort. Entscheidend ist also gar nicht so sehr, was wir im Kopf haben, sondern, wie sehr wir uns von den Gedanken vereinnahmen lassen. Lassen wir zu, dass sie die Kontrolle über unser Leben übernehmen? Oder sind wir in der Lage, trotz der kritischen oder zweifelnden Gedanken so zu handeln, wie wir es für richtig erachten?

»Es gibt nichts, was uns mehr in unserem Fortkommen hindert, als die Beharrlichkeit, mit der wir immer wieder das Gleiche denken.«

JEAN GIRAUDOUX
(FRANZÖSISCHER DIPLOMAT UND DRAMATIKER)

Wie ist das bei dir? Von welchen Gedanken lässt du dich vereinnahmen? Welche Erinnerungen, Sorgen, Ängste, selbstkritischen oder sonstige nicht hilfreichen Gedanken halten dich gefangen? Wie fühlst du dich, wenn sie die Kontrolle übernehmen? Was tust oder lässt du, weil du diesen Gedanken Glauben schenkst? Kann es sein, dass auch du wertvolle Zeit vergeudest, weil du im Gedankenkarussell feststeckst oder Dinge und Menschen vernachlässigst, weil du ihnen nicht deine volle Aufmerksamkeit schenkst?

Wenn wir uns von unseren Gedanken gefangen nehmen lassen, geben wir ihnen die Macht, uns von unserem Weg abzubringen. Wir können uns dann nicht länger so verhalten, wie wir das eigentlich möchten. Wir entfernen uns von dem, was für uns eine Bedeutung hat und was wir uns für unser Leben wünschen.

Vom Grübeln zur Gelassenheit

Wir können uns von belastenden Gedanken lösen, indem wir Abstand zu ihnen herstellen. Wenn wir ihnen nicht länger gehorchen, können sie weder unsere Gefühle noch unsere Handlungen steuern. Vor allem aber können sie uns keinen Schmerz mehr zufügen. Es ist der Abstand zu unseren Gedanken, der uns ermöglicht, handlungsfähig zu bleiben und die Kontrolle über unser Leben zu behalten.

ABSTAND GEWINNEN UND SCHMERZ REDUZIEREN

Wir müssen belastende Gedanken weder loswerden noch verändern. Es reicht, wenn wir sie mit Abstand betrachten, um ihnen die emotionale Schlagkraft zu nehmen.

Hast du dich jemals so gefühlt, als wärst du deinen Gedanken hilflos ausgeliefert und könntest sie nicht steuern?

Es kann sich leicht so anfühlen, der Spielball der eigenen Gedanken zu sein. Denn wir haben keine Kontrolle darüber, welche Gedanken uns heimsuchen. Sie kommen vollkommen ungefragt und oft auch, ohne dass wir es möchten. Boom, sind sie da: »Sie liebt ihn mehr als mich«, »Ich habe als Mutter versagt«, »Ich habe sowieso keine Chance!«.

Wir können nicht steuern, welche Gedanken uns heimsuchen, und dennoch sind wir ihnen nicht hilflos ausgeliefert. Denn es sind *unsere* Gedanken und wir können entscheiden, wie wir auf sie reagieren. Wir können entscheiden, ob wir ihnen unsere Aufmerksamkeit schenken und uns mit ihnen beschäftigen wollen. Wir entscheiden, ob wir ihnen glauben und ihren Aufforderungen Folge leisten möchten. Alles, was wir dafür brauchen, ist ein klein wenig Abstand.

Wann immer wir Gedanken als Tatsachen erleben, lassen wir uns komplett von ihnen vereinnahmen. Wir sind vollständig mit ihnen identifiziert und werden zu Teilnehmern des Geschehens in unseren Köpfen. Vielleicht kennst du diesen Zustand aus dem Kino, wenn du voll mit den Charakteren mitfieberst. Du erschrickst dich, wenn sie überrascht werden, hältst die Luft an, wenn sie nicht entdeckt werden dürfen, und spürst Schmetterlinge im Bauch, wenn sie geküsst werden. Es ist, als würde dir selbst all das passieren. Du empfindest die Freude der Charaktere und ihren Schmerz, weil dich die Geschichte komplett im Griff hat, als wäre sie ein Teil von dir.

Aber das passiert nicht immer. Gerade, wenn wir einen Film nicht so gelungen finden, läuft es nämlich ganz anders. Dann schauen wir zwar auch auf die Leinwand, ärgern uns dabei aber über die fehlende Chemie zwischen den Liebespartnern, über die schlechte Beleuchtung oder die künstlichen Dialoge. Dann blicken wir zwischendrin immer mal wieder gelangweilt auf die Uhr, fragen uns, wie lange der Film noch geht, oder mustern die anderen Zuschauer im Kino. Ab und zu schauen wir wieder auf die Leinwand und beobachten, was dort vor sich geht, aber der Film hält unsere Aufmerksamkeit nicht wirklich gefangen. Wir erleben ihn mit einer gewissen Distanz. Eine traurige Szene wird uns nicht zum Weinen bringen, weil wir vielleicht denken, dass der Plot absehbar war und die schauspielerische Leistung zu wünschen übrig lässt. In diesem Fall hast du dich nicht von der Geschichte vereinnahmen lassen. Vielmehr hast du sie als Beobachter aus der Ferne erlebt.

Genauso wie einen Film auf der Kinoleinwand können wir auch das Schauspiel in unseren Köpfen als Teilnehmer oder als Beobachter erleben. Wir können uns von unseren Gedanken mitreißen lassen, also quasi in die Leinwand springen und selbst mitspielen, oder wir bleiben im Zuschauerraum sitzen, greifen beherzt ins Popcorn und schauen uns mit Abstand an, was unsere Gedanken da mal wieder für Geschichten fabrizieren.

Gelingt es uns, das Spiel unserer Gedanken mit Abstand zu beobachten, können sie uns nicht länger Schmerzen zufügen. Sie nehmen uns weniger mit, denn sobald wir sie nicht länger als Tatsachen erleben, haben wir sie bereits entwaffnet. Das Band, das zwischen schmerzhaften Gedanken und Gefühlen besteht, wird damit förmlich zerrissen.

Zur Erinnerung: Im limbischen System wird eine passende gefühlsmäßige Reaktion zu unseren Gedanken eingeleitet. Geht dort die als Tatsache erlebte Information ein: »Wir sind Versager«, ist Panik die unmittelbare Folge: »Achtung, Achtung, wir haben einen Code Red. Wir sind Versager! Alle sofort ausschwärmen … Wir brauchen Trauer, Wut, Hilflosigkeit.« Was aber passiert, wenn die bloße Beobachtung »Wir haben den Gedanken, dass wir Versager sind« das limbische System erreicht? Die Informationen sind erst mal noch unklar. Ist das eine Bedrohung oder nicht? Abwarten ist angesagt. Jetzt legt der Verstand vielleicht noch mal nach: »Diese Geschichte kenne ich schon, nur die alte Leier.« Dann kommt die Reaktion: »Alles klar, Entwarnung! War doch nichts Wichtiges. Wir müssen uns nicht schlecht fühlen. Weitermachen, Leute.«

Gedanken haben nur dann Macht über uns, wenn wir ihnen diese Macht geben. Wann immer wir Gedanken als Tatsachen erleben oder als etwas Wichtiges, das immer und sofort beachtet werden muss, belasten sie uns und halten uns davon ab, so zu sein, wie wir eigentlich sein möchten. In diesem Zustand haben sie enormen Einfluss auf uns. Nicht jedoch, wenn wir losgelöst sind und sie aus der Ferne beobachten. Dann begreifen wir sie als das, was sie wirklich sind: flüchtige Ereignisse, die aus einer puren Aneinanderreihung von Silben, Wörtern und inneren Bildern bestehen.

Der Schlüssel zur Entwaffnung belastender Gedanken liegt also darin, sie mit Abstand zu betrachten. Die einfachste Möglichkeit, das zu erreichen, ist, Gedanken als solche zu benennen. Denn durch das Bewusstwerden und Benennen von Gedanken wird der präfrontale Kortex aktiviert, also der Teil des Gehirns, der für die Selbstregulation und die höheren Denkprozesse zuständig ist.

Zur Erinnerung: Gerade dieser Bereich des Gehirns ist unter starkem Stress, also wenn wir zum Beispiel von unangenehmen Gedanken oder Gefühlen überwältigt werden, oft blockiert. Reaktivieren wir ihn wieder, gibt uns das die Möglichkeit, bewusstere Entscheidungen darüber zu treffen, wie wir mit den aufwühlenden Gedanken oder Emotionen umgehen wollen. Es erlaubt uns, einen Schritt zurücktreten, um sie zu analysieren und zu verstehen, anstatt von ihnen überwältigt zu werden. Diese einfache Strategie wurden von dem amerikanischen Autor und Psychiater Professor Daniel Siegel als: »Name it to tame it« (»Benenne es, um es in den Griff zu bekommen«) bezeichnet.[28]

Probiere es ruhig selbst einmal aus und formuliere einen der Gedanken, die dich aktuell leiden lassen, als Tatsache: »Niemand mag mich.« Stell dann Abstand her, indem du den Gedanken benennst: »Ich habe den Gedanken, dass mich niemand mag.« Du wirst merken, im ersten Fall wird direkt eine ganze Reihe unangenehmer Emotionen losgetreten, die schließlich deinen ganzen Körper (und dein Verhalten) in Beschlag nehmen. Du wirst dich vermutlich traurig und einsam fühlen und im Umgang mit anderen unsicher und misstrauisch sein. Wahrscheinlich lässt du den Kopf hängen, weichst dem Blick anderer aus, traust dich nicht, das Wort zu ergreifen, und sagst Verabredungen ab, aus Angst davor, enttäuscht zu werden.

Sagst du stattdessen: »Ich habe den Gedanken, dass mich niemand mag« ist das erst einmal nichts anderes als eine sachliche Feststellung. Uns gehen jeden Tag viele Tausende Gedanken durch den Kopf, denn unser Verstand ist ein meisterhafter Geschichtenerzähler. Er erzählt und erzählt. Zu allem hat er etwas beizutragen. Eine der Geschichten, die er hervorbringt, erzählt davon, dass uns niemand mögen würde. Meinetwegen. Ich habe also diesen Gedanken in meinem Kopf. Das ist eine Tatsache. Das bedeutet jedoch nicht, dass der Gedanke wahr wäre (und mich wirklich niemand mag) oder dass er wichtig ist (und ich mich unbedingt mit ihm auseinandersetzen muss). Den Gedanken als das zu erkennen (und zu benennen), was er ist, nämlich ein Gedanke unter vielen, erzeugt einen ersten inneren Abstand.

Wie gesagt: Alles, was mit »Ich habe den Gedanken, dass …« anfängt, stellt keine unmittelbare Bedrohung dar und löst im limbischen System daher keinen sofortigen Code Red aus. Diese Verzögerung ermöglicht uns, die Situation endgültig zu entspannen, indem wir den Gedanken in einen neuen Kontext stellen.

STRATEGIEN, UM ABSTAND HERZUSTELLEN

Es gibt viele verschiedene Wege, um belastende Gedanken unschädlich zu machen. Grob lassen sie sich vier Kategorien zuordnen.

1. DEM VERSTAND EINE IDENTITÄT VERLEIHEN

Um Abstand zu den eigenen Gedanken aufzubauen, ist es wichtig zu verstehen, dass wir nicht unsere Gedanken sind. Wir haben Gedanken. Diese werden von unserem Verstand produziert und wir können beobachten, was er alles an Ideen und Geschichten in den Raum wirft. Um diese Distanz zu verdeutlichen, kann es helfen, dem Verstand eine eigene Identität zu verleihen. Wer von seinem Verstand ständig zu Bestleistungen angespornt wird, kann ihn sich zum Beispiel als amerikanischen Drill Instructor vorstellen, der mit Uniform und Trillerpfeife neben ihm steht und ihm permanent irgendwelche Anweisungen ins Ohr brüllt.

Wenn wir unserem Verstand, oder bestimmten wiederkehrenden Geschichten unseres Verstands, eine Identität geben, weisen wir ihnen eine Rolle zu. Ein Drill Instructor, also ein militärischer Ausbilder, hat eine bestimmte Agenda. Er möchte seine Rekruten trainieren. Er möchte sie abhärten. Er will, dass sie konstant Bestleistungen abliefern. Das ist seine Rolle. Dazu ist er da. Ich kann diese Rolle akzeptieren und gleichzeitig wissen, dass ich noch eine andere Agenda habe. Zum

Beispiel, nach einem langen Tag im Büro die Füße hochzulegen und einen Film zu schauen, statt das Wohnzimmer zu saugen oder ein Fitnesstraining zu absolvieren. Sobald sich die entsprechenden Gedanken melden: »Was liegst du hier so nutzlos rum? Steh endlich auf! Du musst noch das Wohnzimmer saugen«, können wir registrieren: »Ich habe den Gedanken, dass ich faul bin und noch das Wohnzimmer saugen sollte.« Und dann: »Ah, da ist wieder mein Drill Instructor, der möchte, dass ich unentwegt Gas gebe.« Wir können antworten: »Morgen wieder, lieber Drill Instructor. Für heute hab ich genug getan und werde mir eine Auszeit gönnen.«

Stell dir vor, wie diese Informationen das limbische System erreichen: Gerade als es seine Truppen in Bewegung setzen will, zögert es: »Wir haben den Gedanken, faul zu sein und saugen zu müssen. Okay, was heißt das? Sind wir wirklich faul? Es klingt schlimm. Ist es schlimm? Was sollen wir tun? Sollen wir ausschwärmen?« Aber dann: »Ah, okay. Nur wieder der Drill Instructor. Wir waren heute anscheinend fleißig genug und dürfen hier gemütlich rumliegen. Entwarnung, Leute. Alles ist gut!«

Unseren Gedanken eine Identität zu verleihen, zeigt noch etwas anderes sehr gut: Wir müssen unsere Gedanken nicht loswerden. Auch die nicht, die uns quälen. Denn es ist okay, wenn es einen Teil von uns gibt, der ständig möchte, dass wir 300 Prozent geben. Manchmal kann es sehr sinnvoll sein, einen Drill Instructor zu haben, der uns anspornt, mehr zu tun. Genauso kann es hilfreich sein, einen Kritiker zu haben, der uns vor möglichen Gefahren und Problemen warnt, oder eine pingelige Petunia, die alles ganz genau nimmt. Ihre Anwesenheit ist nicht das Problem. Zum Problem werden sie nur, wenn sie unser Verhalten diktieren. Wenn wir immer tun, was sie sagen, und uns ihnen nicht widersetzen können. Denn so nützlich es auch sein kann, auf mögliche Gefahren hingewiesen zu werden, wir möchten uns nicht jede Chance von vornherein schlechtreden lassen. Und so sinnvoll es auch sein kann, auf die Details zu achten, manchmal ist es besser für uns, die Dinge schnell und unperfekt zu erledigen.

»Im Umgang mit Gedanken kommt es vor allem auf eines an: Du entscheidest, ob du ihnen Folge leistest oder nicht!«
KATHARINA TEMPEL

Weitere Möglichkeiten, deinem Verstand eine eigene Identität zu verleihen, liegen darin, ihn als Geschichtenerzähler oder als Radio darzustellen. Welcher Radiosender läuft heute wieder? Radio Katastrophe? Oder erzählt dein Verstand mal wieder die Geschichte von der hilflosen Bettina, die von allen schlecht behandelt wird? Überleg einmal, welche Geschichten dir dein Verstand wieder und wieder erzählt. Wenn ich all die schmerzhaften Gedanken, Erinnerungen und Gefühle zusammenfassen und in einen Film über dein Leben packen könnte, welchen Titel würde dieser Film haben? Sebastians Film würde vielleicht: »Sebastian, der Versager« lauten. Vielleicht heißt deiner »Tim, der niemandem trauen darf«, »Anna ist ganz allein« oder »Nutzlose Nina«.

Wann immer sich die entsprechenden Gedanken in dein Bewusstsein drängen, kannst du nun registrieren: »Aha, da ist sie wieder, die Geschichte der nutzlosen Nina. Die kenne ich schon.« Dieses Erkennen, Benennen und Neutralisieren signalisiert dem limbischen System umgehend, dass keine starke emotionale Reaktion notwendig ist. Es handelt sich nur um die alte Leier, die wir schon kennen und die deshalb nicht wichtig oder dringend ist. Ein bisschen verhält sich unser Verstand ja auch wie ein Greis, der immer wieder dieselben ollen Kamellen erzählt. »Weißt du noch, damals ...?« Ja, ja, ja. Alles schon gehört.

Merkst du, wie sich allein durch diese Formulierungen Distanz zu deinen Gedanken ergibt?

2. GEDANKEN LÄCHERLICH MACHEN

Eine weitere Methode, belastende Gedanken in einen anderen Kontext zu stellen und ihren Einfluss abzuschwächen, liegt darin, sie lächerlich zu machen. Du kannst unangenehme Gedanken beispielsweise als Lied singen oder mit einer lustigen, verzerrten Stimme sprechen. Du kannst sie dir in der Sprechblase einer Comicfigur vorstellen, mit ihnen tanzen oder sie auf einem Hüpfball hüpfen lassen.

Hast du schon mal ein Wort sehr oft hintereinander gesagt, bis es dir schwerfiel, es überhaupt auszusprechen?

Etwas Ähnliches passiert, wenn du zum Beispiel »Ich bin ein Versager« zur Melodie von »Happy Birthday« singst. Du benutzt den Gedanken so inflationär (und in so einem lächerlichen Kontext), dass er wieder genau zu dem wird, was er ist: ein Satz. Eine Aneinanderreihung von vier Wörtern, bestehend aus dem Wort »Ich«, aus dem Wort »bin«, aus dem Wort »ein« und dem Wort »Versager«. Mehr nicht. Die ganze Bedeutung, die der Satz sonst für uns trägt, die bedrückende Schwere, die damit einhergeht, ist wie weggeblasen. Es sind vier Wörter. Nicht mehr und nicht weniger.

Und jetzt stell dir vor, dein Drill Instructor spricht plötzlich mit einer piepsigen Micky-Maus-Stimme. »Hey, du … nicht so faul da rumliegen! Aufstehen! Wohnzimmer saugen! Hast du überhaupt schon Sport gemacht?« Es ist schwer, so eine kleine, schimpfende Quietsch-Maus ernst zu nehmen. Daher fällt es auch viel leichter, den Gedanken standzuhalten und einfach auf dem Sofa liegen zu bleiben. »Red du nur, kleine Maus. Aber reg dich nicht zu sehr auf. So viel Stress ist nicht gut für dich.«

Bedrückende Gedanken, die uns sonst über Stunden hinweg belasten würden, in einen lächerlichen Kontext zu stellen, kann ihren Einfluss schnell abschwächen. In vielen Situationen kann das sehr wohltuend sein. In anderen kann es entwertend wirken. Gerade im Bereich von traumatischen Erinnerungen ist dringend davon abzuraten. Erinnerungen an einen sexuellen Missbrauch sollten beispielsweise weder gesungen noch gepiepst oder als »die olle Leier« abgetan werden. Sie gehören in professionelle Hände und müssen behutsam begleitet werden.

Es ist auch wichtig, zu verstehen, dass das Lächerlich-Machen wiederkehrender Gedanken nicht bedeutet, dass man das dahinterstehende Problem nicht ernst nehmen würde. Die Konflikte sind real. Aber unsere Art, darüber zu denken, ist, wie wir gesehen haben, nicht immer hilfreich. Oftmals verkomplizieren wir Dinge unnötig oder verirren uns in Gedankensträngen, die fruchtlos sind. Die immer gleichen Geschichten davon zu wiederholen, wie andere alles zugespielt bekommen, während du wie das Aschenputtel um alles kämpfen musst, bringt nichts, außer dich in deinem Selbstmitleid oder deiner Wut auf die Welt zu bestärken. In diesen Fällen brauchen wir Mittel, um uns aus dem Griff der Gedanken zu lösen. Denn nur so – mit einigermaßen klarem Kopf – haben wir die Möglichkeit, das dahinterstehende Problem anzugehen.

3. DIE FORM DER GEDANKEN VERÄNDERN

Abstand zu unseren Gedanken können wir auch dadurch erlangen, dass wir deren Form verändern. Dazu kannst du dir den Gedanken beispielsweise auf einem Computerbildschirm vorstellen und dann die Schrift kleiner, größer oder bunt machen. Du kannst sie zusammen- oder auseinanderziehen, fett machen oder verschnörkeln.

Genauso gut kann man die Bilder, die unsere Gedanken oft begleiten, verändern. Stell dir dazu vor, du bist der Regisseur deines Films und kannst entscheiden, wie nah du an eine Szene rangehst, aus welcher Perspektive du sie zeigst oder worauf du deinen Fokus richtest. Du kannst scharfe Bilder verschwimmen lassen, farbige Bilder schwarz-weiß machen oder aktuellen Bildern ein antikes Aussehen verleihen, um sie weniger präsent und bedeutsam zu machen.

4. RÄUMLICHE DISTANZ HERSTELLEN

Zu guter Letzt gibt es noch die Möglichkeit, Abstand zu erzeugen, indem wir räumliche Distanz herstellen. Schreib deinen belastenden Gedanken beispielsweise auf ein Blatt Papier, halte ihn dann einmal direkt vor dich, um ihn dann ganz weit entfernt zu positionieren. Wenn du mit Gedankenbildern arbeitest, kannst du diese ebenso in den Hintergrund treten lassen, rauszoomen oder ganz klein werden lassen.

Wenn Gedanken uns vereinnahmen, ist es, als würde uns unser Verstand lebensgroße Plakate vor die Augen halten, auf denen in Leuchtschrift steht: »Du bist nicht liebenswert!«, »Sie hat bestimmt schon einen anderen«, »Was hat er wohl damit gemeint?«, »Kinder gehören zu ihrer Mutter!«. Diese Plakate versperren uns die Sicht auf das Wesentliche. Wir können nicht länger die Herausforderungen oder Möglichkeiten in unserem Leben sehen, wenn direkt vor uns diese Pappwände stehen. Wir können uns nicht auf unsere alltäglichen Aufgaben konzentrieren, weil uns permanent diese Leuchtschrift entgegenblinkt. Und wir können uns auch nur schwer auf andere Menschen einlassen oder für sie da sein, weil ihre Worte oder Taten kaum zu uns durchdringen.

Aber was passiert, wenn ich diese Plakatwände wegtragen würde? Mit jedem Meter, den ich mich von dir entferne, weitet sich dein Sichtfeld. Du siehst jetzt wieder, was um dich herum passiert, kannst die Menschen berühren, die dir wichtig sind, und dich um die Angelegenheiten deines Tages kümmern. Das Plakat hat sich nicht in Luft aufgelöst. Ich habe es zwanzig Meter entfernt an eine Litfaßsäule gelehnt. Manchmal kommt es kurz in dein Blickfeld. Aber es liegt jetzt so viel Abstand zwischen euch, dass die Schrift ganz klein geworden ist und deinen Blick nicht länger gefangen hält.

Wenn dich das nächste Mal so ein Plakat mit blinkender Leuchtschrift angrinst, trag es bis zur nächsten Litfaßsäule. Du wirst sehen, dass du die Freiheit über dein Denken zurückgewinnst, mit jedem Zentimeter Abstand, den du zwischen dich und deine Gedanken bringst.

Wenn du magst, kannst du dir auch vorstellen, wie deine Gedanken wie Blätter im Fluss oder Wolken am Himmel vorüberziehen. Zu beobachten, wie sie kommen, wie sie mitten im Blickfeld stehen und dann wieder weiterziehen, verdeutlicht ihren flüchtigen Charakter.

»Nur wer gelernt hat,
sich von seinen
eigenen Gedanken
zu distanzieren,
kann inneren Frieden
finden.«

BUDDHISTISCHE WEISHEIT

DER HIMMEL, AN DEM DAS WETTER VORÜBERZIEHT

Wir können belastenden Gedanken die Macht über uns nehmen, indem wir lernen, uns getrennt von ihnen zu erleben. Denn du bist nicht deine Gedanken.

Deine Gedanken sind zwar ein Teil von dir, aber du bist so viel mehr als sie. Denn du hast ein Bewusstsein, das deine Gedanken und Gefühle beobachten, reflektieren und interpretieren kann. Mach dazu am besten einmal die folgende Übung mit mir:

ÜBUNG: ***Gedanken beobachten***

Stell dir vor, du bist eine Katze, die vor einem Mauseloch auf der Lauer liegt. Die Mäuse sind deine Gedanken. Jeden Augenblick werden die ersten Mäuse aus dem Loch herausflitzen.
Aber statt dich in wilder Gier auf sie zu stürzen und mal dieser, mal jener Maus hinterherzurennen, wartest du erst mal ab und bleibst in deiner Beobachterposition sitzen.
Spürst du die Spannung in der Luft? Deine Sinne sind jetzt ganz wach und nehmen jede Bewegung, jedes Geräusch wahr. Sobald

sich die erste Maus (der erste Gedanke) zeigt und neugierig ihr Näschen aus dem Loch rausstreckt, registriere den Gedanken: »Ah, der Gedanke xy«, aber folge ihm nicht. Lass das Mäuschen vorbeiflitzen, wie einen flüchtigen Schatten, der im Sonnenlicht verschwindet. Stell dir einfach vor, dass du auf die dickste, die schnellste oder die klügste Maus wartest und daher geduldig vor dem Mauseloch ausharrst. Da, wieder ein Näschen … der nächste Gedanke flitzt vorbei. Wenn dich deine Gedanken bei dieser Übung immer mal wieder in Beschlag nehmen, mach dir nichts draus. Das ist ganz normal. Sobald du es bemerkst, kehre einfach wieder in deine Lauerhaltung vor dem Mauseloch zurück. Warte noch ein bisschen länger hier und registriere jeden auftauchenden Gedanken und lass ihn dann vorüberziehen. Siehst du, wie du deine Gedanken beobachten kannst?

In deinem Inneren wechseln sich permanent Gedanken, Gefühle und Empfindungen ab. Vielleicht tut dein Rücken weh, vielleicht ist dein Nacken steif. Dein Bewusstsein kann all das wahrnehmen. Genauso spürt es auch den Kloß in deinem Hals oder das Kribbeln im Bauch, wenn dich Angst oder Vorfreude heimsuchen. Auf die gleiche Weise kann dein Bewusstsein auch deine wechselnden Gedanken wahrnehmen. Ob es der Gedanke an den nächsten Einkauf ist oder der, immer benachteiligt zu sein. Es sind nur Gedanken, die am Himmel deines Bewusstseins wie Wolken vorüberziehen. Ideen deines Geistes, die kommen und gehen und die du mit deinem Bewusstsein beobachten kannst. Du aber bist der Himmel, der unverändert bleibt, egal, was die Wolken auch anstellen.

Dein Bewusstsein ist dein Fenster zur Welt und dein sicherer Hafen, von dem aus du sämtliche Gedanken und Gefühle beobachten kannst, selbst die schwierigen. Mögen die Wolken auch düster und bedrohlich wirken, genau wie der Himmel kannst du ihnen Raum geben. Ausgehend von dem sicheren Hafen deines Bewusstseins, in den du jederzeit zurücktreten und in Beobachtungsposition gehen kannst.

Wann immer wir uns unseren Gedanken hilflos ausgeliefert fühlen, liegt das daran, dass wir vollkommen mit ihnen identifiziert sind. Wir glauben, sie zu sein. Schließlich hört sich die Stimme, die wir im Kopf hören, so an, als wäre sie wir. Aber Gedanken sind nicht unsere Identität. Wir können unsere Gedanken beobachten, ohne uns mit ihnen zu identifizieren, und so eine größere innere Freiheit erlangen. Denn solange wir ihr Spiel von außen betrachten, sind wir ihnen nicht hilflos ausgeliefert. Wir können Gedanken haben und trotzdem entscheiden, anders zu handeln. Weil es unser Bewusstsein ist, das beobachtet, interpretiert und dann die entsprechenden Entscheidungen fällt.

Wir müssen Gedanken nicht zwangsläufig loswerden, um ihren Einfluss auf unser Leben zu neutralisieren. Es reicht, wenn wir Abstand zu ihnen herstellen. Dadurch können wir belastenden Gedanken die emotionale Schlagkraft nehmen.

Wann immer du dich aus dem Griff belastender Gedanken lösen möchtest, lautet die erste und oberste Regel: Stelle Abstand her, zum Beispiel, indem du den Gedanken zunächst als Gedanken benennst (»Ich habe den Gedanken, dass ich nicht gut genug bin.«) und ihn anschließend in einen neuen Kontext stellst, der seinen Einfluss neutralisiert (zum Beispiel, indem du das Plakat einige Meter wegrückst oder dem Gedanken einen Charakter verleihst). Wenn Sebastian Selbstgeißler das nächste Mal von seinen kritischen Gedanken gequält wird, könnte er seinen Radiosender »Sebastians Selbstkritik!« leiser drehen oder der Plakatwand mit der Aufschrift »Luisa hat bestimmt einen Neuen« die Farbe entziehen und sie auf die gegenüberliegende Straßenseite stellen.

Manchmal reicht dieser Abstand schon, um die quälenden Gedanken in den Hintergrund treten oder sogar ganz verschwinden zu lassen. Wenn wir unseren Gedanken gestatten, da zu sein, aber nicht auf sie anspringen, zeigen wir unserem Gehirn, dass diese offenbar doch keine so große Bedeutung haben – denn wir reagieren ja nicht länger emotional auf sie. Das kann dazu führen, dass der Verstand uns diese Gedanken in Zukunft seltener präsentiert. Ein wunderbarer Nebeneffekt, der aber nicht immer eintreten wird und auch nicht das Ziel der Übung ist. Es geht einzig und allein darum, dass wir uns aus dem Griff unserer belastenden Gedanken lösen können, sodass sie uns nicht länger quälen und wir handlungsfähig bleiben.

Raus aus dem Kopf – rein ins Leben

Gedanken sind nichts weiter als Ideen des Geistes. Sie müssen weder auf objektiven Tatsachen beruhen noch wichtig oder hilfreich sein. Gelingt es uns, sie so zu betrachten, gewinnen wir die Kontrolle über unser Denken zurück, denn wir können unsere Aufmerksamkeit auf das lenken, was uns wichtig ist, und nützliche Gedanken in den Vordergrund stellen.

AUSSTIEG AUS DEM GEDANKENKARUSSELL

Wir haben die Freiheit zu entscheiden, wie wir mit unseren Gedanken umgehen wollen. Wir entscheiden, ob wir uns mit ihnen beschäftigen möchten und ob wir ihrem Rat folgen wollen.

Jeden Tag drängt sich eine Vielzahl an Gedanken in unser Bewusstsein. Sie kommen, aber sie gehen auch wieder. Denn es liegt in der Natur unserer Gedanken, vorübergehend zu sein. Sie sind flüchtig, wenn wir sie ziehen lassen und uns mit etwas anderem beschäftigen.

Macht geben wir ihnen erst, wenn wir auf sie anspringen und uns in ihnen verheddern. Dann widmen wir ihnen unsere ganze Aufmerksamkeit. Wir grübeln über sie nach, kauen sie wieder und wieder durch, nehmen sie ernst, halten sie für wahr, versuchen sie zu ergründen. Wenn das passiert, können sie uns für mehrere Minuten, Stunden oder sogar Tage, Monate und Jahre in Beschlag nehmen, meist sogar, ohne dass wir es merken, weil alles schon so automatisch abläuft.

Und plötzlich steckst du mittendrin. Ohne dass du es mitbekommen hast, hat das Gedankenkarussell Fahrt aufgenommen. Diese blöde Situation mit deinem Kollegen neulich bei der Arbeit …

»Warum hat er das gesagt? Und dann in diesem Tonfall. Und ich hab einfach nur dagestanden und kein Wort rausgebracht. Na toll. Warum hab ich mich nicht gewehrt? Warum hab ich ihn nicht in die Schranken gewiesen? Aber was hätte ich schon sagen sollen? Irgendwie kann ich das einfach nicht, mit der Schlagfertigkeit. Warum nur passieren mir immer wieder diese blöden Situationen? Und die anderen haben alles mitbekommen. Was die jetzt wohl denken? Das hat bestimmt keinen guten Eindruck gemacht. Ich hätte einfach irgendetwas Schlagfertiges erwidern müssen. Aber mir ist ja nichts eingefallen.

Ich bin einfach viel zu zurückhaltend. Hat doch schon Papa immer gesagt. Dem würde mein Kollege gut gefallen. Wie macht er das bloß immer und warum schaff ich es nicht, ihm Paroli zu bieten? Ich hätte wirklich etwas sagen müssen, neulich …«

Und schon bist du wieder beim Ausgangspunkt angekommen und kannst eine weitere Runde im Karussell drehen. Macht doch so viel Spaß, oder? Nee, macht es nicht.

Und dennoch passiert es uns immer wieder: Wir verlieren uns in unseren Gedanken und finden nicht mehr den Ausgang. Denn einmal im Karussell angekommen, drehen sie sich permanent im Kreis. Ein Gedanke löst den nächsten aus, der wieder den nächsten … und so dreht man seine Runden, ohne dass eine Lösung gefunden wird. Es ist erschöpfend,

wenn die Gedanken sich drehen. Es fühlt sich an, als würden wir den Boden unter den Füßen verlieren. Und trotzdem können wir es nicht stoppen, ja, wir können es nicht mal verhindern, weil es uns meistens erst dann auffällt, dass wir im Gedankenkarussell feststecken, wenn wir schon einige Runden gefahren sind.

Bestimmt kennst du das auch, wenn du zum Beispiel etwas liest und nach einer Weile merkst, dass du gar nicht weißt, worum es geht, weil deine Gedanken abgedriftet sind. Das ist vollkommen normal. Wir haben ja schon erfahren, dass unsere Gedanken immer in Bewegung sind. In dem Moment, in dem wir nicht mehr völlig konzentriert bei der Sache sind, schweifen unsere Gedanken ab und führen uns in andere Richtungen. Gerade noch mit der Spanisch-Aufgabe beschäftigt und plötzlich denkst du über den Zustand deiner Beziehung nach und fragst dich, ob sie noch zu retten ist.

Da unsere Gedanken in Netzwerken organisiert sind, kann jeder auftauchende Gedanke eine Verknüpfung zu anderen Gedanken oder Erinnerungen herstellen, die damit verbunden sind. Diese Assoziationen können bewusst oder unbewusst sein. Durch den Gedanken an euren letzten Streit werden somit eine Vielzahl weiterer Ideen, Erinnerungen, Konzepte und Erfahrungen, die damit in Zusammenhang stehen, aktiviert. Deshalb führt uns ein Gedanke zum nächsten: »Er macht so viele Überstunden. Ich bekomm ihn ja überhaupt nicht mehr zu Gesicht. Klar, er will seinen Vorgesetzten nicht enttäuschen. Aber er enttäuscht mich! Wie damals, zu Beginn unserer Beziehung, als er mich nicht vor diesen Lästermäulern verteidigt hat. Aber damals hatte er auch noch Gefühle für Anna. Ob es jetzt wieder eine andere gibt? …«

Der ursprüngliche Gedanke löst schnell einen anderen aus, mit dem du dann eine weitere Runde im Karussell drehst. Solange du diesen Vorgang nicht unterbrichst, wird es so immer weitergehen: Ein Gedanke wird dich zum nächsten führen. Dein Verstand macht dir all diese Angebote. Es ist, als würde er dir mentale Notizzettel überreichen, auf denen seine verschiedenen Gedanken stehen: »Hier, schau mal, Arne macht so viele Überstunden.« Und du nimmst diesen Notizzettel dankend an, hältst dich an ihm fest und vertiefst dich ganz in seinen Inhalt. Bis dein Verstand dir den nächsten Notizzettel mit dem nächsten Gedanken überreicht, mit dem du eine weitere Runde im Karussell drehen kannst.

Anstrengend. Endlos. Aber nicht aussichtslos. Denn du musst seine Notizzettel nicht annehmen. Nach jedem Gedanken hast du die Möglichkeit, den Kreislauf zu unterbrechen. Du kannst den Zettel einfach zur Seite legen und dir die weiteren Runden sparen.

Denn nur, weil ein Gedanke in deinem Kopf auftaucht, heißt das nicht, dass du ihm Aufmerksamkeit schenken musst. Du musst nicht auf ihn anspringen, musst dich nicht um ihn kümmern, musst dich nicht in ihm verheddern und ihm Minuten oder sogar Stunden deiner Zeit opfern. Du kannst ihn liegen lassen und deine Aufmerksamkeit wieder auf das lenken, das dir im Moment wichtig erscheint.

In so vielen Bereichen unseres Lebens ist uns diese Entscheidungsfreiheit glasklar. Deine Mutter ruft mal wieder während der Arbeitszeit an – aber du entscheidest, jetzt nicht ranzugehen. Dein Handy schickt dir eine Pop-up-Nachricht über die Anzahl an Leuten, die mit deinem Posting interagiert haben, aber du entscheidest, das Posting jetzt nicht aufzurufen, sondern erst noch die Hausarbeit zu erledigen. In deinem E-Mail-Postfach tummeln sich Hunderte Nachrichten, aber du wählst aus, welche du wann lesen willst (und welche ungelesen in den Papierkorb können).

Diese Entscheidungsfreiheit besitzt du auch im Umgang mit deinen Gedanken. Du kannst die Angebote deines Geistes wahrnehmen und dann entscheiden, ob du dich mit ihnen beschäftigen willst. Alles, was du tun musst, ist, dich einfach wieder der Spanisch-Aufgabe zuzuwenden, die du gerade bearbeiten willst. Konzentriere dich wieder auf sie. Richte den Lichtkegel deiner Aufmerksamkeit auf sie. Wenn dein Verstand dir den nächsten Notizzettel reichen möchte, registrier ihn, leg ihn beiseite und konzentriere dich wieder auf die Spanisch-Aufgabe. Dein Verstand wird dir vielleicht einen weiteren Zettel überreichen. Das ist okay. Registrier ihn, leg ihn weg und konzentriere dich wieder auf deine Aufgabe.

DEN FOKUS NEU EINSTELLEN

Wenn du die Freiheit über dein Denken zurückgewinnen willst, lerne, deine Aufmerksamkeit auf das zu lenken, was wichtig ist. Das unterbricht das Gedankenkarussell.

Vielleicht zweifelst du gerade, ob es wirklich möglich ist, Gedanken einfach so da sein zu lassen und deine Aufmerksamkeit auf etwas anderes zu richten. Aber wenn dich jemand beim Namen ruft, dann wendest du dich der Person zu, die dich gerufen hat, oder? Hörst du ein Geräusch, drehst du dich in die Richtung, aus der das Geräusch kam. Kocht dein Nudelwasser über und läuft zischend auf die heiße Herdplatte, lässt du alles stehen und liegen und wendest dich dem Topf zu. In all diesen Situationen lenkst du deine Aufmerksamkeit instinktiv. Unsere Aufmerksamkeit können wir aber auch ganz bewusst lenken, wenn wir uns zum Beispiel auf ein Buch oder auf die Worte unseres Gesprächspartners konzentrieren möchten. Wir entscheiden in diesem Moment, den Kegel der Aufmerksamkeit auf unser Gegenüber zu richten. Alles andere versinkt in Dunkelheit. Deswegen bekommen wir womöglich gar nicht mit, wie viele Menschen in der Zwischenzeit das Café verlassen haben oder wie die Sonne untergegangen und der Abend hereingebrochen ist. Durch unsere Aufmerksamkeit setzen wir eine Priorität. Wir entscheiden, was in dem Moment wichtig ist, wahrgenommen zu werden, und blenden alles andere aus. Machen wir dazu eine kleine Übung:

ÜBUNG: ***Aufmerksamkeit umlenken***

Bitte denk jetzt über etwas nach, das dich zurzeit belastet. Gib dich ganz diesen Sorgen- oder Grübelgedanken hin, aber mach es nicht länger als zwanzig bis dreißig Sekunden. Am besten stellst du dir einen Timer, damit du rechtzeitig unterbrochen wirst. Lies erst weiter, wenn du die Aufgabe umgesetzt hast. Als Nächstes stell dir jetzt bitte vor, wie du mir von deinem letzten Urlaub berichtest. Ich möchte alles wissen: Wo du warst. Was du erlebt hast. Was schön war. Sollte ich dort auch mal hinfahren? Nimm dir dafür wieder zwanzig bis dreißig Sekunden Zeit und stell den Timer entsprechend ein.
Wenn du dich an die Anweisung gehalten hast, dann ist Folgendes passiert: Du hast angefangen, über etwas Belastendes nachzudenken. Nach Ablauf der Zeit hast du dich jedoch nicht weiter um diese Gedanken gekümmert. Du hast deine Aufmerksamkeit auf ein neues Thema gelenkt und mir von deiner Reise berichtet. Als der Timer geklingelt hat, hast du deine Aufmerksamkeit erneut von den Gedanken an die Reise abgezogen und den Lichtkegel auf dieses Buch gelenkt. Was ist aus den unangenehmen Gedanken geworden, als du angefangen hast, über die Reise nachzudenken? Und was ist aus den Gedanken zu beiden Themen geworden, als du dich wieder auf das Buch konzentriert und weitergelesen hast? Sind die entsprechenden Gedanken vielleicht von allein in den Hintergrund getreten?

Wir erleben Sorgen und Grübelschleifen oft als unkontrollierbar, weil uns meist erst dann auffällt, dass wir im Gedankenkarussell feststecken, wenn uns die Gedanken schon längst im Griff haben. Aber wir stecken nicht fest. Egal, wie viele Runden wir schon gedreht haben. In dem Moment, wo uns bewusst wird, was vor sich geht, können wir den Lichtkegel unserer Aufmerksamkeit neu ausrichten. Weg von den riesigen Plakatwänden, die sich mal wieder vor unseren Augen auftun, hin zu der Aufgabe, der wir uns eigentlich gerade widmen möchten.

Genau dieser Vorgang wird übrigens beim Meditieren geübt: den Verstand, der immer wieder ausbrechen möchte und mit Notizzetteln um sich wirft, links liegen zu lassen und dich auf das zu konzentrieren, was dir gerade wichtig ist.

Viele Menschen ärgern sich beim Meditieren, wenn ihre Gedanken abschweifen. Sie glauben dann, zu versagen, und dass sie einfach nicht meditieren können. Dabei versäumen sie, dass das genau die zentrale Übung, der Sinn und Zweck der Meditation ist. Es geht nicht darum, Kontrolle über das Unkontrollierbare zu bekommen und den Verstand dazu zu bringen, nicht mehr zu denken. Es geht darum, das Abschweifen zu bemerken und den Lichtkegel der Aufmerksamkeit liebevoll zurückzuholen. Meditation trainiert unsere Reaktion auf das, was der Verstand veranstaltet.

Unser Verstand produziert laufend Gedanken. Jeder ist wie ein Vorschlag, den wir aufgreifen können oder nicht. Wir können unseren Verstand nicht kontrollieren. Wir können nicht steuern, welche Gedanken in unseren Kopf kommen oder welche Empfindungen sie auslösen. Wir können aber kontrollieren, wie wir darauf reagieren. Wir können entscheiden, ob wir uns jetzt mit ihnen beschäftigen möchten, und unsere Aufmerksamkeit entsprechend steuern.

Nochmals: Die Macht, die wir haben, liegt in unserer Reaktion. Wie gehen wir mit den Angeboten um, die der Geist uns macht? Dass deine Gedanken wandern, ist normal. Dass dich ein Gedanke zum nächsten führt, ist normal. Dass dein Geist immer in Bewegung ist, ist normal. Du musst das nicht stoppen. Du musst das nicht verhindern. Du musst nicht kontrollieren, was in deinem Geist sein darf und was nicht. Du entscheidest, wie du darauf reagierst.

Deswegen, wann immer dir auffällt, dass du dich im Gedankenkarussell befindest, gräme dich nicht. Dein Verstand funktioniert einwandfrei. Er hat seinen Part zu spielen und du deinen. Dein Part liegt in deiner Reaktion. Du kannst nach jedem Notizzettel entscheiden, ob du diesen Gedanken verfolgen (und weiter im Karussell fahren) willst oder nicht. Entscheide dich zu stoppen. Entscheide dich, den Zettel beiseitezulegen und deine Aufmerksamkeit wieder auf das zu lenken, was dir im Moment wichtig ist.

Vielleicht wird dir dabei aufstoßen, dass die Lösung für etwas, das dir so viel Kummer bereitet, so einfach und banal ausfällt. Wir denken, dass unser Problem so schwerwiegend ist, dass nur eine komplexe Methode es lösen kann. Doch manchmal übersehen wir dabei, was direkt vor unseren Augen liegt: dass die naheliegende Lösung funktioniert und ihre Einfachheit gerade ihre größte Stärke ist.

Nahezu jeder Tipp und jede Methode, um das Gedankenkarussell zu unterbrechen, basiert auf der Aufmerksamkeitsumlenkung, sei es, zu meditieren (Fokus auf den Atem), an etwas Schönes zu denken, dich mit Sport oder Sudoku abzulenken oder dir bestimmte Fragen zu stellen. Und das hat einen guten Grund: Grübeln ist das Ergebnis eines unaufhörlichen Fokus auf bestimmte Gedanken und Sorgen. Indem du deine Aufmerksamkeit bewusst auf etwas anderes lenkst, unterbrichst du dieses Muster und gestattest deinem Geist, sich zu beruhigen und neue Perspektiven zu finden.

»Der Kopf ist rund, damit das Denken die Richtung ändern kann.«
FRANCIS PICABIA (FRANZÖSISCHER SCHRIFTSTELLER UND MALER)

Dabei geht es nicht darum, Gedanken aktiv zu bekämpfen, wie es beim Ablenken als Vermeidungsstrategie meist der Fall ist. Vielmehr ist das Ziel, bewusst und flexibel mit den eigenen Gedanken umgehen zu können und zu verhindern, dass wir uns in ihnen verfangen. Wir sollten in der Lage sein, unsere Aufmerksamkeit auf das zu richten, was im Moment wesentlich und zielführend ist, und dafür müssen wir lernen, sie gezielt zu lenken. Dennoch: Dein Verstand wird deine Aufmerksamkeit wieder und wieder gewinnen wollen. Er wittert Gefahr (zum Beispiel den drohenden Ausschluss aus der sozialen Gruppe) und möchte, dass du dich um das Problem, über das du nachgrübelst, kümmerst. Also wird er lautstark auf sich aufmerksam machen und überall vor deinen Augen Plakatwände aufbauen. Daher kann es helfen, das Umlenken deiner Aufmerksamkeit mit der folgenden Übung zu unterstützen. Sie hilft dir, dich aus dem Sog deiner Gedanken zu befreien, und kann dir als Anker dienen, wann immer du dich in deinen Gedanken und Gefühlen verheddert hast.

1

ANKERN

Verankere dich bewusst im Hier und Jetzt, indem du dich auf die Berührungspunkte deines Körpers mit dem Boden oder deiner Unterlage konzentrierst. Spüre deine Füße auf dem Boden, deinen Po auf dem Stuhl oder deine Unterarme auf der Stuhllehne. Kreise kurz mit den Schultern, dreh den Kopf von links nach rechts oder balle deine Hände zu Fäusten. Spüre den Körper, der deine Gedanken und Gefühle umgibt.

2

BLICKWINKEL ÄNDERN

Als Nächstes aktivierst du all deine Sinne und nimmst die Welt um dich herum wahr. Was kannst du in diesem Augenblick sehen? Was kannst du hören? Zähle jeweils drei Dinge auf, die du gerade hören und sehen kannst. Dieser Schritt führt deine Aufmerksamkeit sanft von deiner Innenwelt in die Außenwelt und lässt dich ins Hier und Jetzt zurückkehren.

3

ATMEN

Atme jetzt noch einmal so lange aus, wie du kannst. Am besten funktioniert das mit der Technik der Lippenbremse: Du presst die Luft beim Ausatmen durch die gespitzten Lippen hindurch. Das lange Ausatmen beruhigt dein Nervensystem und signalisiert deinem Gehirn, dass du nicht in Gefahr bist.

Die ABA-Technik kannst du jedes Mal anwenden, wenn du aus dem Gedankenkarussell aussteigen oder dich von einem belastenden Gedanken lösen willst. Du musst nicht gegen ihn kämpfen. Du kannst den Gedanken wahrnehmen, registrieren, dass er da ist, aber den Fokus auf das legen, was du kontrollieren kannst: deinen Körper, den du bewegen kannst, und deine Aufmerksamkeit, die du wieder in die Außenwelt führen kannst. Durch das lange Ausatmen wird das parasympathische Nervensystem aktiviert, das die Freisetzung von Stresshormonen hemmt. Das führt dazu, dass der Körper sich entspannt, der Herzschlag verlangsamt wird, der Blutdruck sinkt und die Muskelspannung abnimmt. Die Aufmerksamkeit bewusst auf den Atem zu lenken, verringert die Aktivität der Amygdala, die auf Stress und Bedrohung reagiert, und erhöht die Aktivität im präfrontalen Kortex, wodurch wir mehr Kontrolle über unsere Gedanken und Emotionen bekommen.

Wenn deine Gedanken sehr aufwühlend waren, ruf dir noch einmal vor Augen, dass du nicht das Wetter, sondern der Himmel bist. Du kannst die ABA-Technik durch einen inneren Monolog ergänzen, in etwa so: »Ich habe einen Körper, der meine Gedanken und Gefühle umgibt. Ich kann meinen Körper steuern (Ankern). Ich kann die Welt um mich herum beobachten. Ich kann meine Aufmerksamkeit steuern (Blickwinkel ändern). Ich kann mir anschauen, was draußen und in meinem Kopf vor sich geht. Dort mag es turbulent zugehen, aber ich bin der Himmel, an dem das Wetter vorüberzieht. Ich bin ruhig und beständig (Atmen).«

Durch Ankern und das Umlenken der Aufmerksamkeit lässt sich das Gedankenkarussell jederzeit unterbrechen. Wir können zu dem zurückkehren, was im Moment wichtig ist.

Wenn Gisela Grüblerin also das nächste Mal auffällt, dass sie sich schon wieder während der Arbeitszeit in Gedankenspiralen verloren hat, erinnert sie sich an die ABA-Formel:

- Sie ankert sich, indem sie sich der Berührungspunkte ihres Körpers mit der Unterfläche bewusst wird: Sie spürt ihre Füße auf dem Boden, ihre Unterarme auf den Armlehnen, ihren Rücken, der hinten den Stuhl berührt. Sie bewegt ihren Kopf einmal von links nach rechts und wieder zurück.
- Dann wechselt sie den Blickwinkel: Sie zählt drei Dinge auf, die sie in ihrem Büro sehen kann (»Ich sehe die Berichte. Ich sehe den Bildschirm. Ich sehe Frau Schmidt.«), und drei Dinge, die sie hören kann (»Ich höre Frau Schmidt reden. Ich höre das Klingeln des Telefons. Ich höre ein Auto draußen.«).
- Und schließlich atmet sie einmal tief ein und pustet die Luft dann zwischen ihren Lippen lange hinaus.
- Jetzt ist sie wieder mit all ihren Sinnen in der Realität angekommen, fühlt sich beruhigt und kann ihre Arbeit wieder aufnehmen.

Wenn du das Umlenken deiner Aufmerksamkeit immer wieder übst, sobald du dich im Gedankenkarussell verloren hast, entwickelst du ein stärkeres Bewusstsein für dein Grübelverhalten. Du erkennst schneller, wann du in das Gedankenkarussell gerätst, und kannst früher eingreifen, um es zu stoppen. Daneben stärkst du deine Fähigkeit zur Selbstregulation. Du wirst flexibler im Umgang mit deinen Gedanken und schaffst Raum für neue Denkmuster. Über die Zeit können sich so neue Denkgewohnheiten etablieren und die Zeit, die du mit Grübeln verbringst, wird deutlich abnehmen.

HILFREICHE GEDANKEN IN DEN VORDERGRUND STELLEN

Gedanken sollten uns helfen, unsere Ziele zu erreichen. Deswegen dürfen wir priorisieren, was nützlich ist, und unsere Aufmerksamkeit von schädlichen Gedanken weglenken.

Mit gezielter Aufmerksamkeitslenkung steht dir ein wirkungsvolles Mittel zur Verfügung, um dich aus dem Griff von Grübel- und Sorgengedanken zu lösen. Du entscheidest, worauf du deine Aufmerksamkeit richtest und was du im Scheinwerferlicht beleuchten möchtest. Dabei gilt: Du solltest etwas wählen, das dich deinem Ziel eines glücklichen, gesunden und erfolgreichen Lebens näherbringt, statt dich in Angst und Schrecken zu versetzen.

Du kannst dir dein Bewusstsein wie einen Bahnhof vorstellen, auf dem es jede Menge Gleise gibt. Manche davon stehen leer, auf anderen stehen Züge und auf wieder anderen fahren gerade Züge ein. Einige Züge verharren für eine Weile im Bahnhof, andere fahren kurze Zeit später schon wieder aus. Manche Züge verursachen beim Heranfahren einen ohrenbetäubenden Lärm, während andere nahezu geräuschlos durch den Bahnhof schnellen. Du kannst alte, verrostete

Züge entdecken, solche, die glänzen, und welche mit bunten Werbeaufdrucken. Auf dem Bahnhof deines Bewusstseins ist also jede Menge los. In welchen Zug solltest du nun einsteigen? Nun, ich weiß nicht, wie du es machst, aber in der Regel haben wir ein bestimmtes Ziel, wenn wir am Bahnhof stehen. Wir haben eine Absicht, beispielsweise nach München zu fahren, und deswegen wählen wir den Zug, der uns nach München bringt. Genauso kannst du es auch mit deinen Gedanken handhaben. Du steigst nicht in jeden Gedankenzug ein, nur weil sie hier gerade alle rumstehen. Du nimmst auch nicht einfach den schönsten Zug, weil er dir gefällt, oder den lautesten, weil er dir besonders wichtig erscheint. Du nimmst nicht den, der gerade vor deiner Nase steht, oder den, der immer wieder im Bahnhof auftaucht, weil das vielleicht bedeutet, dass er es wert ist, in ihn einzusteigen. Nein, du wählst den Gedankenzug, der dich deinem Ziel näher bringt. Ihm schenkst du deine Aufmerksamkeit.

Wie sieht das im echten Leben aus? Nehmen wir an, du bist gerade im Begriff, einen Vortrag zu halten. Dein Puls rast und deine Hände sind leicht verschwitzt, während du deine Notizen sortierst und die Power-Point startest. In dieser Situation gehen dir viele Gedanken durch den Kopf. Einerseits wird dich dein innerer Kritiker vor allem warnen, was schiefgehen kann: »Was, wenn ich einen Fehler mache und alle es bemerken?«, »Ich hab den Teil über die Energiekostenberechnung nicht ganz verstanden. Hoffentlich kommen keine Nachfragen dazu«. Andererseits produziert dein Verstand Gedanken zu der Lage, in der du dich gerade befindest: »Wie stoppe ich noch einmal die Präsentation?« oder »Sieht man mir an, dass meine Hände zittern?« Und vielleicht sind da auch beschwichtigende Gedanken in deinem Kopf: »Ich hab mich gut vorbereitet und kenne das Thema in- und auswendig. Das wird schon.« Es stehen in diesem Moment also viele Gedankenzüge im Bahnhof deines Bewusstseins. Du kannst auswählen, worauf du deine Aufmerksamkeit richtest, und diese Entscheidung solltest du von deinem Ziel abhängig machen. Gerade ist dein Ziel, einen möglichst guten Vortrag zu halten. Steigst du also in den Zug ein, der sich damit beschäftigt, ob man das Zittern deiner Hände sehen kann? Steigst du in den ein, der panisch einwirft, dass du einen Fehler machen und dich blamieren könntest? Oder steigst du in den Zug ein, der dich beruhigt und dir die Zuversicht gibt, eine gute Leistung abliefern zu können? Natürlich wählst du den letzteren.

Das bedeutet nicht, dass alle anderen Gedankenzüge plötzlich verschwinden. Auf dem Bahnhof deines Bewusstseins kann weiterhin viel los sein, aber du schenkst den Zügen, die sich für dich nicht lohnen, weil sie ein anderes Ziel haben, schlichtweg keine Aufmerksamkeit. Du lässt sie auf ihren Gleisen stehen oder an dir vorbeifahren, ohne sie weiter zu beachten.

»Liebe dich selbst genug, um all das loszulassen,
was deine Seele nicht nährt.«
UNBEKANNT

Vielleicht regt sich in dir gerade Widerstand. Es mag sich falsch anfühlen, einfach auszuwählen, was gerade passt, und den anderen Gedanken keine Bedeutung beizumessen. Gerade die kritischen Gedanken schreien doch geradezu nach unserer Aufmerksamkeit. Und ja, das tun sie. Aber wir wissen jetzt auch, warum. Es ist das Steinzeitgehirn in uns, nämlich unsere eingebaute negative Verzerrung, die dazu führt, dass wir vorrangig auf alle Gefahren und Bedrohungen achten. Es ist nicht falsch, diese Gedanken zu haben. Die Frage ist aber, ob sie jetzt gerade, in diesem Moment, für dich nützlich sind. Wie wird dein Vortrag (oder eine x-beliebige andere Situation) verlaufen, wenn du dich dem Gedanken hingibst: »Was ist, wenn mir ein Fehler passiert und alle es bemerken?«? Ich kann mir gut vorstellen, dass dieser Gedanke weitere kritische Gedanken auslöst, die dich zunehmend nervös machen. Weil wir Erfahrungen immer als ein ganzheitliches Paket an Gedanken, Gefühlen und Reaktionen abspeichern, aktiviert dieser Gedanke die Erinnerung an frühere Misserfolgserlebnisse oder peinliche Momente. Diese Gedanken verstärken deine Angst und Aufregung nur noch. Deine Muskeln werden sich verkrampfen, deine Stimme wird zittrig sein und deine Präsentation mit hoher Wahrscheinlichkeit fahrig und unruhig. Es gibt viele Hinweise darauf, dass negative Selbstgespräche und Ängste die kognitive Leistungsfähigkeit beeinträchtigen können, indem sie die Aufmerksamkeit des Gehirns von der eigentlichen Aufgabe ablenken und das Arbeitsgedächtnis überlasten.[29]

Was aber passiert, wenn ich mich dem Gedanken hingebe: »Ich habe mich gut vorbereitet. Ich kenne das Thema in- und auswendig.«? Ich fühle mich gleich etwas ruhiger. Er hilft mir, mich auf die eigentliche Aufgabe zu konzentrieren, gelassen und zuversichtlich zu bleiben. Das wird sich auch in meiner Körpersprache niederschlagen. Meine zittrigen Hände beruhigen sich womöglich, meine Stimme wird klar, meine Haltung selbstbewusst und ich kann die Präsentation wahrscheinlich fokussierter rüberbringen.

Wenn ich das Ziel verfolge, einen guten Vortrag zu halten, dann lasse ich mich besser auf die Gedanken ein, die mich beruhigen und mir helfen, meine Aufgabe konzentriert und zuversichtlich auszuführen. Selbst, wenn die Gedanken an einen Misserfolg viel realistischer sind, weil du bisher tatsächlich bei jedem Vortrag einen Blackout hattest, ändert das daran nichts. Denn nach wie vor hilft dir der Gedanke an deine gründliche Vorbereitung eher, dein Ziel zu erreichen, als wenn du dich in Ängsten vor einem weiteren Misserfolg verlierst.

Eines der größten Probleme im Umgang mit unseren Gedanken ist, dass wir glauben, es ginge um die Frage, was richtig und was falsch ist.

KATHARINA TEMPEL

Wir glauben, wenn es wahr ist, dass wir einen Fehler machen könnten, dann ist es der richtige Gedanke, also der, dem wir uns hingeben sollen. »Aber es ist ja so …«, erwidern wir dann. »Ich habe bisher noch nie einen guten Vortrag gehalten.« Das ist in unseren Augen die Legitimation, diesen und nur diesen Gedanken zu denken. Andere Gedanken kommen uns dann wie Lügen vor, die wir uns einreden und denen wir deshalb keinen Raum geben möchten. Leider führt dieses Verhalten aber lediglich dazu, dass wir vermutlich auch den nächsten Vortrag in den Sand setzen.

Wir sabotieren uns selbst. Wir berauben uns der Möglichkeit, das Muster zu durchbrechen, weil zwei wesentliche Erkenntnisse fehlen:

1. Unser Denken unterliegt so vielen Verzerrungen, Fehlern und Ungenauigkeiten, dass es für uns allein schier unmöglich ist, objektiv zu erfassen, was richtig und was falsch ist.
2. Im Umgang mit unseren Gedanken ist es schlichtweg nicht entscheidend, was wahr und was falsch ist. Es geht einzig und allein um ihre Nützlichkeit. Helfen sie mir, zu tun, was wichtig ist, und meine Ziele zu erreichen, wenn ich ihnen Raum gebe? Oder halten sie mich von meinen Zielen ab und sind deswegen nicht dienlich für mich?

GLAUB NICHT ALLES, WAS DU DENKST

Kennst du das Gleichnis vom Elefanten und den blinden Männern? Eine Version des Gleichnisses erzählt, dass sechs blinde Männer gebeten wurden, zu bestimmen, wie ein Elefant aussieht, indem sie – jeder für sich – einen anderen Körperteil des Tieres untersuchen. Der Blinde, der das Bein befühlt, sagt, dass ein Elefant wie eine Säule sei; der, der den Schwanz befühlt, dass sich ein Elefant wie ein Seil anfühle; der, der den Rüssel befühlt, dass ein Elefant Ähnlichkeit mit einem Ast habe; der, der das Ohr befühlt, dass ein Elefant wie ein Handfächer sein müsse; der, der den Bauch befühlt, dass ein Elefant sich wie eine Wand darstelle; der, der den Stoßzahn befühlt, dass ein Elefant wie eine solide Röhre sein müsse. Obwohl die Männer zu vollkommen verschiedenen Beschreibungen des Tieres kommen, haben doch alle recht. Sie haben die Realität akkurat wiedergegeben, aber nur einen Teil von ihr erfasst.

Ähnlich wie bei diesen Männern ist auch unsere Möglichkeit, die Wirklichkeit zu beschreiben, begrenzt. Sie ist limitiert, weil niemand von uns in der Lage ist, die Flut an Informationen, die wir aus der Umwelt erhalten, gleichberechtigt wahrzunehmen. Unser Gehirn muss Prioritäten setzen, es filtert also gezielt bestimmte Informationen heraus, und zwar vornehmlich solche, die den eigenen Interessen, Erwartungen und Empfindungen ähneln. Alle anderen Informationen werden ausgeblendet.

Aus diesem Grund sehen wir plötzlich überall Lederjacken, wenn wir mit dem Gedanken spielen, uns eine zu kaufen. Unser Gehirn hat diese Information zur Priorität gemacht und die Umgebung entsprechend gefiltert. »Sieh mal einer an, Karin trägt auch eine. Und dort, das ist genau die Farbe, die ich auch haben will.« Weil du dich dafür interessierst, ist das Thema omnipräsent.

Welche Informationen du in einer bestimmten Situation wahrnimmst, wird also von vornherein durch die vorhandenen Gedanken in deinem Kopf gefiltert. Das ist auch der Grund, warum sich Glaubenssätze so schnell verfestigen.

Nehmen wir an, du hast in letzter Zeit vermehrt Gedanken dazu, dass du in der Erziehung deines Kindes versagt hast. Dein Gehirn richtet seine Aufmerksamkeit jetzt verstärkt auf all jene Situationen und Beispiele, die dich in dieser Überzeugung bestärken. Dein Kind veranstaltet eine große Sauerei beim Weihnachtsessen, kleckert und schlürft seine Suppe? »Auweia, wie peinlich! Ich hätte ihm dringend bessere Manieren beibringen müssen.« Beim Geschenkeauspacken kann dein Kind nicht an sich halten und reißt das Geschenkpapier achtlos auf, während die anderen Kinder still warten, bis sie an der Reihe sind? »Nur meines ist so schlecht erzogen.« Und beim Spielen ist dein Kind natürlich auch das lauteste. Klare Sache, dein Kind hat sich den ganzen Tag über mit Abstand am schlechtesten benommen.

So erzählst du es am Abend auch deinem Partner. Er findet, du übertreibst, und erzählt, dass sich die anderen Kinder beim Essen auch danebenbenommen hätten. Lea hätte die verhasste Ente heimlich unter dem Tisch an den Hund verfüttert und Paul wäre nur deshalb so ruhig gewesen, weil er die ganze Zeit auf dem iPad gespielt hat. Das regt dich nun wieder auf. Wie kann er nur so tun, als wäre die Situation gar nicht so schlimm, wie sie ist? Mag ja sein, dass Paul mit dem iPad gespielt hat, aber euer Kind hat sich schließlich den ganzen Abend danebenbenommen. Du erzählst jetzt von der Ungeduld beim Geschenkeauspacken und seiner Wildheit beim Spielen. Aber auch da hat dein Partner etwas anderes beobachtet als du. Nämlich, dass euer Kind das einzige war, das seine Süßigkeiten mit allen anderen geteilt hat, während der kleine Tim seinen Schwestern ständig ihre Spielsachen weggenommen hat. Du ärgerst dich über die Ignoranz deines Partners, er hingegen findet, dass du den Teufel an die Wand malst. Schließlich geht ihr im Streit auseinander.

Situationen wie diese spielen sich im Alltag tausendfach ab. Zwei Streithähne stehen sich gegenüber, jeder fühlt sich um seine Wahrheit betrogen. »Ich hab doch ganz genau gesehen, wie es war«, denkst du verzweifelt. Und das hast du auch. Du hast das Bein des Elefanten beschrieben, dein Mann seinen Bauch.

Was ich damit sagen will: Deine Beobachtungen waren zwar richtig, aber sie haben nicht das ganze Bild wiedergegeben. Denn dein Gehirn hat vorrangig die Informationen herausgefiltert, die zu deinen vorhandenen Gedanken passen, also in dem Fall all jene Situationen, die dich in der Annahme bestätigen, dass dein Kind schlecht erzogen ist.

Dein Mann wiederum hat keine Selbstzweifel in Bezug auf die Erziehung eures Kindes und deswegen sind ihm andere Situationen aufgefallen. Auch er hat nicht das volle Bild wahrgenommen, sondern nur das, was sein Gehirn für ihn herausgefiltert hat. Aufgrund dessen kommt er am Abend zu dem Schluss, dass kleine Kinder nun mal Chaos beim Essen veranstalten und euer Kind zwar laut und wild war, aber die anderen in anderen Bereichen genauso aus der Reihe getanzt sind.

Es kann frustrierend sein, wenn etwas in unserem Kopf so klar ist und die anderen es trotzdem nicht so sehen wollen. Unzählige Streitereien und Beziehungsprobleme lassen sich darauf zurückführen, dass jeder darauf beharrt, im Recht zu sein. Jeder ist der Meinung, er allein wisse, wie es richtig ist, und der andere solle die Wahrheit gefälligst anerkennen.

Wie begrenzt unsere Sichtweise jedoch in der Realität ist und wie wenig wir von dieser sogenannten Wahrheit wissen, verdeutlicht eine Geschichte aus »Der kleine Prinz« von Antoine de Saint-Exupéry. Der kleine Prinz trifft in der Wüste auf eine Blume. Er fragt sie nach den Menschen und sie antwortet, dass es wohl sechs oder sieben von ihnen gebe. Man wisse nie, wo sie seien, denn der Wind verwehe sie, da sie keine Wurzeln haben.

Sechs oder sieben Menschen? Auf der ganzen Welt? Wir könnten uns darüber aufregen und anfangen, mit der Blume zu streiten. Schließlich wissen wir es besser. Aber aus der Perspektive der Blume ist die Zahl korrekt. Sie hat nie mehr Menschen gesehen. Die Blume lügt nicht, aber macht es das Gesagte deswegen wahr? Nein, denn ihre Realität ist nur auf einen Ausschnitt beschränkt. Sie sieht die Welt nur von ihrem Standort und nur aus ihrer Perspektive. Sie kann gar nicht alles mitbekommen, was vor sich geht.

Auch wir sind häufig wie diese Blume: Wir denken, wir (allein) sehen die Realität so, wie sie ist. Wir meinen, alles zu verstehen, und wir haben zu allem eine Meinung, aber unser Blickwinkel ist in Wirklichkeit sehr beschränkt.

RICHTIG IST, WAS HILFREICH IST

Wir Menschen haben das Bedürfnis, die Wahrheit herauszufinden. Wir wollen wissen, was richtig ist. Was wir dabei nicht verstehen, ist, dass es mehr als eine Wahrheit gibt. Du kannst in einer Auseinandersetzung genauso recht haben wie dein Partner. Ihr könnt euch beide auf die Beweise berufen, die euer Verstand für euch ermittelt hat. Aber der Verstand ist keine fehlerfrei arbeitende Maschine. Er ist begrenzt in seiner Aufnahmefähigkeit, nimmt Informationen selektiv wahr, bewertet sie aufgrund zahlreicher Verzerrungen und passt Erinnerungen an aktuelle Bedürfnisse an. All diese Verarbeitungsprozesse können dazu führen, dass wir nur sehen, was wir sehen wollen, bestimmte Gedanken überbewerten oder falsche Schlussfolgerungen ziehen. Wichtiger als die absolute Wahrheit eines Gedankens ist daher seine Nützlichkeit. Ein Gedanke kann zwar auf Fakten basieren, aber dennoch nicht hilfreich für uns sein.

Welche Gedanken quälen dich, von denen du aber überzeugt bist, dass sie wahr und deswegen wichtig und richtig sind? Glaubst du vielleicht, vom Leben benachteiligt zu sein?

Ähnliche Gedanken gingen mir vor einiger Zeit durch den Kopf, als ich zwei Wochen mit unseren beiden Kindern allein war, wir alle drei krank wurden, das Auto kaputtging, die Kita wegen Feiertagen geschlossen hatte und die Großeltern verreist waren. Wenn mein Mann in der Vergangenheit mit unseren Kindern allein war, hat es ihn nie so hart getroffen. Also, ja, meine Gedanken schienen auf Fakten zu beruhen, mich hatte es in dieser Situation wirklich schlimmer erwischt. Aber so zu denken, half mir nicht, besser mit der Situation umzugehen. Im Gegenteil, es löste nur Wut und Frustration aus. Also ließ ich diese Gedanken ziehen – wahr oder unwahr spielte dabei keine Rolle.

Vielleicht bist du aufgrund irgendwelcher objektiv feststellbaren Tatsachen weniger attraktiv oder erfolgreich als die Menschen um dich herum, aber das ist nicht von Interesse. Entscheidend ist einzig und allein, was passiert, wenn dich diese Gedanken im Griff haben. Tust du dann Dinge, die dir helfen, deine Ziele zu erreichen? Oder führen die Gedanken viel eher dazu, dass du den Kopf in den Sand steckst und deinen Kummer mit Schokolade und Netflix betäubst?

Wenn Peter Pessimist sich mit seinen Gedanken auseinandergesetzt hätte, wäre ihm schnell klar geworden, dass seine Gedanken »Warum sollte ich überhaupt eine Chance haben? Es gibt sicherlich Dutzende Bewerber, die besser sind als ich. Wahrscheinlich werde ich sowieso abgelehnt …« nicht nützlich für ihn sind, weil sie ihn davon abhalten, sein Ziel zu erreichen (nämlich, sich auf die Stelle zu bewerben). Das nächste Mal, wenn es ihm so geht, könnte er Folgendes tun:

- Er bemerkt, dass er lauter zweifelnde, pessimistische Gedanken zu der bevorstehenden Aufgabe im Kopf hat.
- Er prüft, wie sich diese Gedanken auf sein Leben auswirken: Helfen sie ihm zu tun, was wichtig ist, um seine Ziele zu erreichen (zum Beispiel seine Bewerbung abzugeben)?
- Er stellt fest, dass ihm der Gedanke, dass er sowieso abgelehnt wird, schadet, weil er bewirkt, dass er sich nicht mal hinsetzen möchte, um eine Bewerbung zu schreiben.
- Unabhängig davon, ob er den Gedanken für wahr hält oder nicht, löst er sich von ihm, indem er Abstand herstellt. Er stellt fest: »Ich habe den Gedanken, dass ich sowieso abgelehnt werde« (name it to tame it). Er legt nach: »Der Pessimist in mir redet mal wieder alles madig.«
- Er lenkt seine Aufmerksamkeit um: »Ich schreibe jetzt diese Bewerbung, weil ich die Stelle interessant finde. Wenn es nicht klappen sollte, klappt es halt nicht. Aber wenigstens habe ich es dann versucht.«
- Sollten seine Gedanken immer wieder in die Richtung abdriften, dass es sowieso nichts bringt, kann er die ABA-Methode nutzen, um sich wieder im Hier und Jetzt zu verankern und seine Aufmerksamkeit liebevoll zurückzuholen.

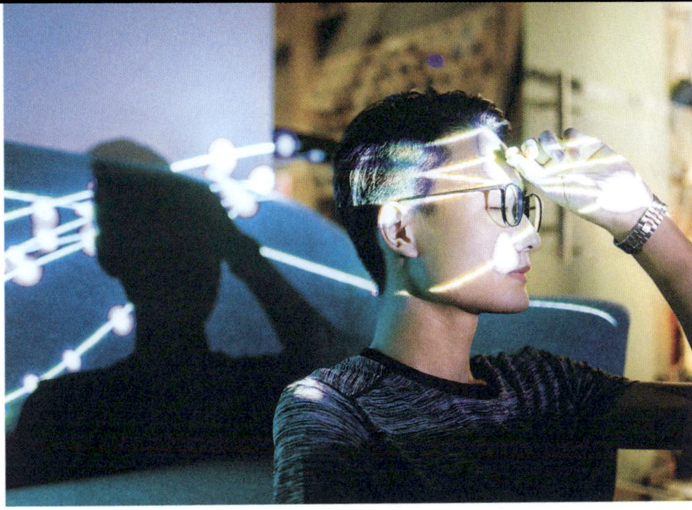

Nützlichen Gedanken den Vortritt zu lassen, bedeutet nicht, negative Gedanken zu ändern. Es geht nicht darum, aus »Ich bin dick« »Ich bin dünn« zu machen oder dir etwas einreden zu wollen. Es geht lediglich darum, dich vor ihrem schädlichen Einfluss zu bewahren, indem du dich von den Gedanken löst, die dir nicht guttun, und deine Aufmerksamkeit gezielt weglenkst. Meist haben wir ohnehin viele verschiedene Gedanken im Kopf, sodass eine Alternative schnell bereitsteht. Ist das nicht der Fall, frage dich einfach: »Welcher Gedanke würde mir in dieser Situation helfen, mich so zu verhalten, wie ich das möchte, und meine Ziele zu erreichen?« und lass ihm den Vortritt.

Letzten Endes ist nicht von Bedeutung, ob ein Gedanke richtig ist oder nicht, ob er in der Realität begründet ist und auf Fakten basiert. Das einzig relevante Kriterium für unsere Gedanken ist ihre Nützlichkeit. »Wenn ich mein Verhalten von diesem Gedanken bestimmen lasse, kann ich der Mensch sein, der ich sein möchte?« Kurzum: »Ist dieser Gedanke hilfreich für mich?«

Wie ist es um die Gedanken, denen du regelmäßig Raum gibst, bestellt? Helfen sie dir, deine Ziele zu erreichen, oder wirken sie sich vielmehr schädlich auf dein Leben aus?

DIE KONSEQUENZEN SIND ENTSCHEIDEND

Jüngst wurde ich Zeuge einer Unterhaltung zwischen Anton und Johannes, zwei Männern in ihren Vierzigern, die zusammen gerade ein Unternehmen gründen. Ihr Pilotprojekt, ein Vermietungsservice für digitale Büroadressen, lief gut an. Seit dem Start hat ihre Unternehmung Monat für Monat schwarze Zahlen geschrieben. Jetzt wollen sie ihr nächstes Projekt angehen: Ein Co-Working-Space für Selbstständige und Kreative, denen zu Hause die Decke auf den Kopf fällt. Die Vorarbeit war geleistet. Sie haben den Markt recherchiert und umfangreiche Kalkulationen erstellt, denn für dieses Vorhaben planen sie, einen größeren Kredit in Anspruch zu nehmen.

Johannes denkt optimistisch. Er ist sich sicher, dass ihr Co-Working-Space erfolgreich wird. Schließlich haben sie mit ihrer ersten Unternehmung bereits gezeigt, dass sie realistisch kalkulieren und wirtschaftlich arbeiten können. Anton hingegen ist eingefleischter Pessimist und deshalb sieht er ihre Firma auch schon mit einem Bein in der Insolvenz stehen. Antons Argument: Wenn sie den Co-Working-Space bis Juli nicht zum Laufen bringen, rutschen sie wegen der hohen Kreditraten ins Minus und müssen Insolvenz anmelden. Johannes kann diese negative Erwartungshaltung überhaupt nicht nachvollziehen: Ihre Kalkulationen sind realistisch, sie haben sich sorgfältig vorbereitet, die Konkurrenz analysiert und hätten doch schon bewiesen, dass sie in der Lage sind, so ein Projekt erfolgreich auszuführen. Anton aber kontert, dass ihr Einsatz wegen des

Kredits viel höher sei, dass man die Projekte nicht unbedingt vergleichen könne und die Kalkulation trotz großer Sorgfalt unvollständig sein könnte. Er bringt auch die Möglichkeit ins Spiel, dass etwas Unerwartetes dazwischenkommen könnte, wie eine Baustelle gegenüber dem Co-Working-Space, die in den ersten Monaten die Kundschaft vergrault.

Was meinst du? Wer von beiden hat recht?

Je nach deiner Denkgewohnheit, ob du dazu neigst, optimistisch oder pessimistisch zu denken, wirst du Antons oder Johannes' Argumente für glaubwürdiger halten. Aber die Sache ist die: Wessen Gedanken sich als »richtig« erweisen, können wir aktuell noch gar nicht wissen, denn die Zukunft steht nicht fest. Die Erwartungen beider Männer könnten sich bewahrheiten. Es geht also auch hier wieder nicht um die Frage, ob es »richtig« ist, optimistisch oder pessimistisch zu denken. Es geht darum, zu welchen Konsequenzen ihre Standpunkte führen, also inwiefern ihre Gedanken für ihre Unternehmung nützlich sind oder nicht. Fokussiere ich auf die Wahrscheinlichkeit, dass es schiefgehen kann – egal, wie gering diese auch sein mag –, sehe ich ein Vorhaben schon als gescheitert an, bevor es überhaupt gestartet hat. Fokussiere ich darauf, dass es klappen kann, traue ich mir mehr zu, ergreife eher Chancen und kann so andere Ergebnisse erzielen.

Deswegen zeigen psychologische Studien immer wieder, dass eine optimistische Einstellung mit mehr beruflichem Erfolg einhergeht.[30] Wahr oder nicht, wenn ich daran glaube, dass etwas gut gehen kann, engagiere ich mich mehr dafür. Das heißt, durch unsere Erwartungshaltung allein können wir den Lauf der Geschicke bereits verändern.

Wahrscheinlich profitiert ihre Unternehmung aktuell von dem regen Austausch zwischen beiden Sichtweisen. Johannes kann Anton motivieren, Risiken einzugehen und Chancen zu ergreifen, während Anton dafür sorgt, dass Johannes' Optimismus nicht zu Leichtsinnigkeit führt. Eines ist aber ganz klar: Ohne Johannes würde Anton vermutlich kein Unternehmen gründen, etwas, das er auch selbst ganz klar sagt.

Du kannst also getrost aufhören, deine Energie darauf zu verschwenden, zu überprüfen, ob deine Gedanken positiv oder negativ sind und ob es richtig ist, so zu denken. Viel entscheidender ist, wie nützlich diese Gedanken im Hinblick auf deine Lebensziele sind, also, zu welchen Ergebnissen sie konkret führen. Wenn du diesen Gedanken Glauben schenkst, helfen sie dir zu tun, was nötig ist? Helfen sie dir, der Mensch zu sein, der du sein möchtest, und das Leben zu führen, das du führen willst?

Ich kann mir vorstellen, dass diese Art zu denken aktuell noch sehr ungewohnt für dich ist. Bestimmt hast du Angst, dir etwas einzureden, wenn du nicht mehr so viel Fokus darauf legst, was richtig ist. Aber sieh es mal so: Dein Verstand weiß auch nicht, was richtig ist. Er wählt aus, was er für dein Überleben als wichtig einstuft, was zu deiner aktuellen Stimmung passt oder was du gewohnt bist. Wir selektieren so oder so. Da können wir unsere Gedanken genauso gut danach auswählen, ob sie uns bei der Erreichung unserer Ziele dienlich sind. Dann sagen wir: Das ist ein wichtiger Gedanke. Er ist wichtig, weil er mir hilft, so zu leben, wie ich leben möchte. Auf diesen Gedankenzug steige ich auf. Den anderen, der zu negativen Konsequenzen führt, lasse ich hingegen durchfahren.

»Die einzige Grenze, die es gibt, ist die, die du dir selbst setzt.«

UNBEKANNT

Genug gegrübelt, lieber Kopf

Es wird Zeit, die mentalen Fesseln zu lösen, die uns im Griff halten. Auch wenn es schwerfällt, und auch wenn du Zweifel hast. Jedes Bewusstwerden ist ein Fortschritt, den du feiern solltest. Denn es bringt dich näher zu einem Leben in Freiheit, Gelassenheit und Erfüllung.

WAS BISHER GESCHAH

Ein Buch ist lang, doch unsere Aufmerksamkeitsspanne ist begrenzt. Zeit, das Wichtigste der vergangenen Kapitel noch einmal zu wiederholen.

Unser Verstand ist ein wunderbarer Diener, wenn wir ihn einzusetzen wissen. Doch statt unseren Verstand für die Erreichung unserer Ziele zu nutzen, lassen wir uns von negativen Denkgewohnheiten leiten, die Kummer und Konflikte erzeugen. Wir verlieren uns in endlosen Gedankenspiralen, aus denen wir keinen Ausweg finden. Wir lassen uns von Selbstzweifeln und Sorgen Grenzen auferlegen, die im echten Leben überhaupt nicht existieren. Und alles nur, weil wir nicht gelernt haben, konstruktiv mit unseren Gedanken umzugehen. Ich hoffe, dass ich dir mit diesem Buch einige wesentliche Aspekte im Umgang mit deinen Gedanken näherbringen konnte.

Wir leiden unter unseren Gedanken, wenn wir sie für bare Münze nehmen, wenn wir sie als Realität betrachten und glauben, dass es sich bei ihnen um objektive Wahrheiten, Fakten oder feste Regeln handelt, die befolgt werden müssen. Doch das sind sie nicht.

Gedanken sind im Grunde nichts weiter als Vorschläge unseres Verstandes, auf die wir reagieren können oder eben nicht. Wir müssen uns nicht zwangsläufig mit ihnen beschäftigen. Wir müssen sie nicht einordnen, kategorisieren oder auf ihre Richtigkeit überprüfen. Wir müssen nur lernen, sie mit Abstand zu betrachten und den Lichtkegel unserer Aufmerksamkeit auf das zu richten, was uns weiterhilft, während wir den Gedanken, die sich negativ auf uns auswirken, die Aufmerksamkeit entziehen.

Das bedeutet nicht, die zugrunde liegenden, realen Probleme in deinem Leben zu ignorieren. Die hier vermittelten Erkenntnisse und Strategien sollen dir helfen, einen gesunden Umgang mit deinen Gedanken zu entwickeln, damit sie nicht die Kontrolle über dich und dein Leben gewinnen. Indem du Abstand zu deinen Gedanken einnimmst, erkennst du, dass sie nicht unbedingt die Realität widerspiegeln, und musst nicht länger automatisch auf sie reagieren. Durch Aufmerksamkeitslenkung kannst du deine Aufmerksamkeit bewusst auf konstruktive Handlungen und all jene Dinge lenken, die dir wichtig sind und im Einklang mit deinen Werten stehen.

Auf diese Weise wirst du handlungsfähig und kannst dich den Herausforderungen deines Alltags stellen. Zumal du, wenn du dich aus dem Griff belastender Gedanken gelöst hast, die automatische Stressreaktion unterbrichst. Dann kannst du auch wieder auf deinen logischen Verstand zurückgreifen und bist so besser gerüstet, um Lösungen für deine Probleme zu finden.

1

ALLES IM RAHMEN: SO ARBEITET DER VERSTAND

Dein Verstand funktioniert ganz normal, wenn er dich mit Selbstzweifeln, Vergleichen und Schuldgefühlen quält. Aber seine Ziele befinden sich nicht immer im Einklang mit deinen persönlichen Zielen, weil dein Verstand maßgeblich dein Überleben sichern will – und sich wenig darum schert, wie es dir dabei geht.

2

ES IST NICHT ALLES GOLD, WAS DEIN VERSTAND DENKT

Das, was sich in deinem Kopf befindet, muss längst nicht immer so akkurat, wichtig und richtig sein, wie du denkst, da unser Denken von jeder Menge Verzerrungen und Ungenauigkeiten eingeschränkt ist und stark durch Gewohnheiten gelenkt wird.

3

MACHT ODER OHNMACHT?

Gedanken an sich sind nicht problematisch und müssen deswegen auch nicht zwangsläufig bekämpft oder verändert werden. Nur wenn du ihnen Macht über dich gibst, weil du sie als Tatsachen empfindest, oder dich von ihnen vollkommen vereinnahmen lässt, haben sie problematische Konsequenzen.

4

DEINE ENTSCHEIDUNG

Du kannst zwar nicht kontrollieren, welche Gedanken in dein Bewusstsein dringen, aber du kannst entscheiden, wie du mit ihnen umgehst, also, ob du dich von ihnen gefangen nehmen und in deinem Handeln beeinflussen lässt oder ob du ihnen den Lichtkegel deiner Aufmerksamkeit gänzlich entziehst.

JENSEITS DER ZWEIFEL WARTET DIE FREIHEIT

Möglicherweise hast du gerade Zweifel im Kopf. Zweifel, ob das wirklich so funktionieren kann und – vor allem – ob es auch dir helfen wird.

Doch ich hoffe, du hast inzwischen verstanden, dass es nicht darum geht, was in deinem Kopf ist, sondern wie du darauf reagieren willst. Willst du dich von deinen Gedanken vereinnahmen und sie dein Fühlen und Handeln kontrollieren lassen? Dann ist es wahrscheinlich das Beste, das Buch beiseite zu legen und einfach aufzugeben. Oder möchtest du dich aus ihrem Klammergriff lösen, die Zweifel da sein lassen und trotzdem weitermachen?

Den Kampf mit unliebsamen Gedanken aufzugeben, heißt nicht, zu resignieren und dich in ihnen zu verlieren. Es bedeutet, zu akzeptieren, dass Zweifel oder Sorgen vorhanden sind, aber dennoch so zu handeln, wie es sich für dich richtig anfühlt. Ich weiß, belastende Gedanken sind unangenehm und es wäre schöner, den Herausforderungen des Lebens stets mit aufgeräumtem Kopf und innerer Ruhe begegnen zu können. Doch Fakt ist: Wir müssen nicht darauf warten, bis alles gut wird, um den ersten Schritt zu machen.

Wenn du ein neues Hobby starten möchtest, dich dein innerer Kritiker aber in Grund und Boden redet, warte nicht darauf, dass er von allein damit aufhört. Hör dir seine Zweifel, Beschimpfungen oder Ausflüchte an und lass sie als mehr oder weniger hilfreiche Ideen so stehen. Vielleicht ist das nur wieder die alte Geschichte von Tim, der niemandem trauen darf und der bestimmt keine Tanzpartnerin findet. Vielleicht ist es einfach nur deine Gewohnheit, auf dir rumzuhacken, die hier zum Ausdruck kommt, oder dein Verstand möchte dich vor möglichen Gefahren warnen. Egal, was es ist: Du kannst aufhören, dich krampfhaft an diesen Gedanken festzuhalten, denn sie sind nicht unbedingt wahr oder wichtig. Vor allem aber kannst du aufhören, ihnen zu gehorchen, denn es handelt sich nicht um Handlungsanweisungen oder Gesetze.

- Du kannst ein neues Hobby aufnehmen, obwohl du Selbstzweifel im Kopf hast.
- Du kannst ein Bewerbungsgespräch führen, obwohl dein Verstand dir einreden möchte, dass du nicht qualifiziert bist.
- Du kannst eine Reise antreten, auch wenn du tausend Sorgen im Kopf hast.
- Du kannst dich liebevoll behandeln, selbst wenn dein Verstand dir sagt, dass du diese Fürsorge nicht verdient hast.
- Du kannst zu der Party gehen, obwohl du den Gedanken hast, dass dich niemand dort mögen wird.
- Du kannst ein Risiko eingehen, auch wenn dein gewohnter Pessimismus dir sagen wird, dass du scheitern wirst.

»Das einzige Hindernis für unsere Verwirklichung von morgen werden unsere Zweifel von heute sein.«
FRANKLIN D. ROOSEVELT (32. PRÄSIDENT DER USA)

Du kannst all diese Dinge tun – und noch viel mehr –, wenn du aufhörst, deinen Gedanken zu gehorchen. Es sind nur Gedanken. Keine Gesetze, keine Wahrheiten und keine Handlungsanweisungen. Meistens sind sie nicht einmal originell. Hör auf, dir von ihnen vorschreiben zu lassen, wer du sein solltest und was du zu tun und zu lassen hast.

Du musst ihnen auch nicht deine ganze Aufmerksamkeit widmen, weil sie nur ein Aspekt deiner Erfahrung im Hier und Jetzt sind. Klar wird dich dein Verstand immer wieder sehr eindringlich auf etwas aufmerksam machen wollen. Er glaubt schließlich, dein Überleben hinge davon ab. Aber letzten Endes ist es deine Entscheidung: Möchtest du auf die Bühne gezogen werden und im Spiel deiner Gedanken mitspielen oder bleibst du lieber hier draußen bei mir in der echten Welt und konzentrierst dich auf das, was im Moment wichtig ist?

Dein Verstand darf da sein und er darf reden. Aber das letzte Wort hast du. Du fällst die Entscheidungen in deinem Leben. Also, ja, vielleicht ist da wieder diese Geschichte in deinem Kopf, die sagt, dass das alles nichts werden kann, du es nicht hinkriegen wirst und auch nicht verdient hast. Du musst diese Geschichte nicht erst wegmachen, um den Mut zu finden, einen anderen Weg zu gehen. Im Gegenteil, mutig sind wir dann, wenn wir trotz unserer kritischen Gedanken handeln.

In einer Welt, die oft von furchtlosen Helden erzählt, vergessen wir manchmal die Wahrheit: Mut bedeutet nicht, keine Angst zu haben. Im Gegenteil, Mut entsteht aus der Überwindung von Ängsten und Zweifeln, aus dem mutigen Schritt, den wir machen, trotz des Klopfens unseres Herzens und der kritischen Stimmen in unserem Kopf. Jeder, der jemals eine Beziehung eingegangen ist, weiß um die Angst vor Verletzlichkeit und Ablehnung. Jeder, der jemals eine berufliche Chance ergriffen hat, kennt die Zweifel an den eigenen Fähigkeiten und das Risiko des Scheiterns. Aber trotz all dieser Hindernisse können wir entscheiden, vorwärtszugehen. Wir entscheiden uns, an etwas anderes zu glauben als an die kritische Stimme in unserem Kopf. Das können die Fakten sein. Oder vielleicht vertrauen wir auch einfach unseren Fähigkeiten, unseren Mitmenschen oder der Welt. Denn am Ende des Tages ist es nicht die Abwesenheit von Angst, die uns zu Helden macht, sondern die Fähigkeit, trotz der Angst zu handeln.

Wann immer wir das tun, sprengen wir das Korsett unserer Denkgewohnheiten und Glaubenssätze. Sie zerschellen an den Erfahrungen, die wir machen, wenn wir entscheiden, uns nicht länger von unseren Ängsten zurückhalten zu lassen.

Nehmen wir zum Beispiel Regina. Regina, die fest daran glaubt, dass ein Kind untrennbar zu seiner Mutter gehört. Sie muss diesen Gedanken nicht durch Argumente widerlegen. Sie muss ihn nicht bekämpfen oder in Luft auflösen, um sich anders verhalten zu können. Sie muss ihn lediglich mit Abstand betrachten, verstehen, dass sich der Gedanke negativ auf ihr Leben auswirkt (weil sie sich unglücklich und gefangen fühlt, wenn sie diesem Gedanken Folge leistet), und sich entscheiden, losgelöst von diesem Gedanken zu handeln: Dann willigt sie vielleicht ein und lässt ihr Kind von ihrem Mann betreuen, während sie selbst in ihren Beruf zurückkehrt. Natürlich ist diese Entscheidung mit vielen Zweifeln und Unsicherheiten belegt. Aber wenn sie es durchzieht, kann etwas Wunderbares geschehen: Regina kann die Erfahrung machen, dass ihr Glaubenssatz falsch war, weil sie sieht, wie ihr Kind die Zeit mit dem Vater in vollen Zügen genießt und dabei aufblüht. Und in diesem Moment wird Regina klar werden, dass sie ihr Leben unnötigerweise einem Gedanken untergeordnet hatte, der sie eingeschränkt und unglücklich gemacht hat, obwohl er nicht einmal objektiv richtig war. Durch diese Erfahrung wird der Mut in ihr wachsen, weitere ihrer starren Gedanken und Glaubenssätze auf die Probe zu stellen, und sie wird sich Schritt für Schritt die Freiheit über ihr Leben zurückerobern.

So wie Regina können auch wir die Grenzen unseres Denkens überwinden. Wir können den Mut finden, neue Wege zu gehen, wenn wir uns klarmachen: Wir sind nicht unsere Gedanken. Wir sind nicht die starren Denkmuster, die uns seit Jahren gefangen halten. Wir haben die Macht, diese Ketten zu sprengen und ein Leben jenseits unserer bisherigen Vorstellungskraft zu führen. Alles, was wir dafür tun müssen, ist, Abstand zu unseren Gedanken einzunehmen, zu prüfen, wie sie sich auf unser Leben auswirken, die Aufmerksamkeit auf die hilfreichen Gedanken zu lenken und dann eine Entscheidung im Sinne unserer Ziele und Werte zu fällen.

»Manchmal muss man die Richtung ändern,
um den eigenen Weg zu finden.«
UNBEKANNT

SCHRITT FÜR SCHRITT ZUM NEUEN DENKEN

Wenn du das Buch bis hierhin gelesen hast, ist der Anfang bereits gemacht. Denn du hast nun schon viel über verschiedene Denkgewohnheiten erfahren und dein Bewusstsein geschärft.

Vielleicht hast du dich sogar in der ein oder anderen Denkgewohnheit wiedererkannt. Das nächste Mal, wenn dein Verstand dir einreden will, dass es nur Schwarz oder Weiß gibt oder das Verhalten eines anderen garantiert deine Schuld ist, wirst du den Denkfehler vielleicht als solchen erkennen.

Je mehr du dir deiner Gedanken und Denkgewohnheiten bewusst wirst, desto eher kannst du die Kontrolle über deine Entscheidungen zurückgewinnen. Du weißt dann einfach, dass dich dein kleiner Drill Instructor im Kopf mal wieder zu Höchstleistungen anspornen wird, auch wenn diese nicht nötig sind. Du kennst deine Gewohnheit, aus jeder Mücke einen Elefanten zu machen, und kannst mit Bezug auf dein Katastrophenradio leichter Abstand von den beängstigenden Horrorvorstellungen nehmen. Dir ist klar, dass dein eingebauter Peter Pessimist mal wieder nur die Möglichkeit einer Insolvenz sieht, aber dass es auch andere Perspektiven gibt, die sich ebenfalls bewahrheiten können. Du bemerkst schneller, wenn du dich wie Gisela mal wieder von deinen Gedanken vereinnahmen lässt, und kannst das Gedankenkarussell schneller verlassen.

Ärgere dich deshalb nicht, wenn du dein verzerrtes Denken erkennst. Tatsächlich ist es ein Fortschritt. Denn jedes Mal, wenn das passiert, nimmst du zwangsläufig mehr Abstand zu deinen Gedanken ein, weil du dich in der Beobachterposition erkennst.

Freu dich darüber. Und was den Gedanken angeht: Er ist eh nur ein vorübergehendes Ereignis in deinem Geist, das kommen und gehen wird. Du musst daher nicht gegen ihn kämpfen. Und du brauchst auch keine Angst mehr vor ihm zu haben, weil er keinerlei Macht über dich hat, solange du ihm diese nicht gibst. Betrachte ihn mit Abstand oder entzieh ihm deine Aufmerksamkeit und konzentriere dich dann auf das Verhalten, das dich deinen Zielen näher bringt.

»Bewusstsein ist der Anfang der Veränderung. Erst wenn wir uns unserer eigenen Gedanken und Handlungen bewusst werden, können wir anfangen, sie zu ändern.«

MARC AUREL (RÖMISCHER KAISER)

Wenn du diese Schritte gehst, wann immer dir ein quälender Gedanke oder ein verzerrtes Denkmuster auffällt, trainierst du dir deine alten Denkgewohnheiten ab und lernst ein neues Denken. Das ist kein einfacher Weg, weil dein Steinzeitgehirn an Gewohntem festhalten möchte. Gewohnt ist schließlich sicher. »Schuster, bleib bei deinen Leisten«, wird dir dein Verstand sagen oder »Das macht man doch nicht«, um dich da-

von abzubringen, etwas Neues zu wagen. Zum Glück weißt du nun, dass du nicht auf das hören musst, was dein Verstand dir rät (und dass es dich mit höchster Wahrscheinlichkeit nicht umbringen wird, etwas anderes zu probieren).

Bleib daher beharrlich. Lenke deine Aufmerksamkeit jedes Mal wieder um, wenn sie dich in Richtung Stressgedanken zieht. Wie einen kleinen Hundewelpen, den du zur Stubenreinheit erziehen willst, musst du ihn jedes Mal mit starker, aber liebevoller Hand umleiten und an seinen Platz verweisen, wenn er mal wieder überall sein Geschäft verrichten will. Der Welpe kann und weiß es noch nicht anders. Es dauert eine Weile, bis er verstanden hat, wie es funktioniert, und vermutlich wird er dich in der Zwischenzeit das ein oder andere Mal in den Wahnsinn treiben. Aber wenn du dranbleibst und nicht aufgibst, wird dein kleiner Welpe es schon irgendwann lernen. Und auch dir wird es mit jeder Übungseinheit leichter fallen, deine Aufmerksamkeit von den bedrohlichen Gedanken wegzulenken und dich wieder auf deine aktuelle Tätigkeit (oder den hilfreichen Gedanken) zu konzentrieren.

Wenn du dir angewöhnt hast, auf eine bestimmte Art zu denken, kann es sich so anfühlen, als sei dieses Denken ein Teil deiner Persönlichkeit und deiner Identität. Aber lass mich dir sagen: Das ist nicht so. Es ist nur eine Gewohnheit und Gewohnheiten können verändert werden. Sei auf diesem Weg liebevoll, freundlich und nachsichtig mit dir. Es wird nicht immer so funktionieren, wie du das möchtest. Du wirst in alte Muster zurückfallen und womöglich ein paar Runden länger im Gedankenkarussell drehen, als es dir lieb ist. Es werden Gedanken aufkommen wie: »Das sollte doch funktionieren!«, »Warum klappt es nicht?«, »Was stimmt nicht mit mir?«, »Warum kriegen die anderen das hin und ich nicht?«. Ich hoffe, du weißt inzwischen, dass diese Gedanken normal sind und du dich deswegen keinesfalls für sie kritisieren oder wegen ihnen schlecht fühlen solltest. Betrachte sie als eine weitere Gelegenheit, deine Gedanken als Gedanken zu erkennen, zu benennen, aber dich nicht in ihnen zu verlieren.

Vergiss niemals: Gedanken haben nur dann Macht über uns, wenn wir sie ihnen geben, nämlich wenn wir ihnen glauben und auf sie hören. Lass nicht zu, dass sie deine Ziele sabotieren und dir im Weg stehen. Löse dich aus ihren Fesseln und befreie dich von der Last, die sie dir auferlegen.

Wenn du anfängst, Gedanken als das zu begreifen, was sie sind, nämlich mitunter längst überholte Warnungen unseres Steinzeitgehirns, verzerrte Schlussfolgerungen und Ideen unseres Geistes, die weder hilfreich noch wahr oder wichtig sein müssen, gewinnst du die Kontrolle über dein Leben zurück. Du kannst mit starren Denkgewohnheiten und festgefahrenen Glaubenssätzen brechen und so die Tür zu einer Welt voller neuer Möglichkeiten öffnen.

Ich wünsche dir gutes Gelingen und viel Freude dabei.
In Liebe, deine Katharina

»Ich habe
beschlossen,
den Rest
meines Lebens
zur besten Zeit
meines Lebens
zu machen.«

UNBEKANNT

ÜBER DIE AUTORIN

Dr. Katharina Tempel ist Diplom-Psychologin und unterstützt als eine der erfolgreichsten Online-Coachinnen im deutschsprachigen Raum Menschen dabei, glücklicher zu werden und ein erfüllteres Leben zu führen. Mit ihrer Webseite »Glücksdetektiv« und dem gleichnamigen YouTube-Kanal hat sie bereits Millionen Menschen erreicht und mehrere Auszeichnungen erhalten. Sie ist Autorin der Spiegel-Bestseller: »Gib dir die Liebe, die du verdienst« und »Schenk dir das Leben, von dem du träumst«. Katharina lebt mit Mann und zwei Kindern in Berlin.

Hier findest du Katharina:
Web: www.gluecksdetektiv.de
YouTube: www.youtube.com/gluecksdetektiv
Newsletter: www.gluecksdetektiv.de/newsletter
Instagram: @katharina.tempel/

Wenn du das Wissen aus diesem Buch praktisch trainieren und das Gedankenkarussell endgültig abstellen möchtest, findest du hier mein Online-Training zum Buch:
www.gluecksdetektiv.de/gruebel-stopp

LIEBE LESERINNEN UND LESER,

wir wollen Ihnen mit diesem Buch Informationen und Anregungen geben, um Ihnen das Leben zu erleichtern oder Sie zu inspirieren, Neues auszuprobieren. Wir achten bei der Erstellung unserer Bücher auf Aktualität und stellen höchste Ansprüche an Inhalt und Gestaltung. Alle Anleitungen und Rezepte werden von unseren Autoren, jeweils Experten auf ihren Gebieten, gewissenhaft erstellt und von unseren Redakteur*innen mit größter Sorgfalt ausgewählt und geprüft.

Haben wir Ihre Erwartungen erfüllt? Sind Sie mit diesem Buch und seinen Inhalten zufrieden? Wir freuen uns auf Ihre Rückmeldung. Und wir freuen uns, wenn Sie diesen Titel weiterempfehlen, in Ihrem Freundeskreis oder bei Ihrem Online-Kauf.

Sollten wir Ihre Erwartungen so gar nicht erfüllt haben, tauschen wir Ihnen Ihr Buch jederzeit gegen ein gleichwertiges zum gleichen oder ähnlichen Thema um.

KONTAKT ZUM LESERSERVICE

GRÄFE UND UNZER VERLAG
Grillparzerstraße 12
81675 München
www.gu.de

IMPRESSUM

GU ist eine eingetragene Marke der GRÄFE UND UNZER VERLAG GmbH, www.gu.de

ISBN 978-3-8338-9460-2
4. Auflage 2025

Projektleitung: Anja Schmidt
Lektorat: Diane Zilliges
Bildredaktion: Simone Hoffmann
Umschlaggestaltung und Layout: Independent Medien Design
Herstellung: Chiara Knell
Satz: Uhl + Massopust, Aalen
Reproduktion: Longo AG, Bozen
Druck und Bindung: DZS Grafik, Slowenien

Umwelthinweis

Nachhaltigkeit ist uns sehr wichtig. Der Rohstoff Papier ist in der Buchproduktion hierfür von entscheidender Bedeutung. Daher ist dieses Buch auf PEFC-zertifiziertem Papier gedruckt. PEFC garantiert, dass ökologische, soziale und ökonomische Aspekte in der Verarbeitungskette unabhängig überwacht werden und lückenlos nachvollziehbar sind.

Bildnachweis

Adobe Stock: S. 36, 86_1, 97, 113_1, 142, 162; Bryce Evans/Unsplash: S. 153; Nick Fewings/Unsplash: S. 46; Getty Images: S. 4, 8, 11, 16, 20, 26_1, 26_2, 28, 41, 58, 61, 75, 82, 92, 107, 108, 113_2, 119, 133, 140, 169, 174; iStockphoto: S. 89; Ankush Minda/Unsplash: S. 187; Plainpicture: S. 52, 64, 70, 78, 80, 86_2, 116, 120, 144, 164, 174; privat: S. 190; Stocksy: S. 23, 33, 55, 100, 125, 128; Motoki Tonn Ez/ Unsplash: S. 138; Westend61: S. 38, 159, 177, 182;

Syndication: Bildagentur Image Professionals GmbH, Tumblingerstr. 32, 80337 München
www.imageprofessionals.com

Die Quellenangaben findest du hier:

gu.de/genug-gegruebelt-quellen